ACCESO GRATIS *a la Lectura en la Nube*

Para visualizar el libro electrónico en la nube de lectura envíe junto a su nombre y apellidos una fotografía del código de barras situado en la contraportada del libro y otra del ticket de compra a la dirección:

ebooktirant@tirant.com

En un máximo de 72 horas laborables le enviaremos el código de acceso con sus instrucciones.

El ABC de las medidas afirmativas en materia electoral en México

Sentencias que cambian vidas

El ABC de las medidas afirmativas en materia electoral en México

Sentencias que cambian vidas

Socorro Roxana García Moreno
Ramón Cuauhtémoc Vega Morales

tirant lo blanch
Ciudad de México, 2024

En caso de erratas y actualizaciones, la Editorial Tirant lo Blanch publicará la pertinente corrección en la página web www.tirant.com.

Este libro será publicado y distribuido internacionalmente en todos los países donde la Editorial Tirant lo Blanch esté presente.

© EDITA: TIRANT LO BLANCH
DISTRIBUYE: TIRANT LO BLANCH MÉXICO
Av. Tamaulipas 150, Oficina 502
Hipódromo, Cuauhtémoc
CP 06100, Ciudad de México
Telf: +52 1 55 65502317
infomex@tirant.com
www.tirant.com/mex/
www.tirant.es
ISBN: 978-84-1197-658-9
MAQUETA: Disset Ediciones

Si tiene alguna queja o sugerencia, envíenos un mail a: *atencioncliente@tirant.com*. En caso de no ser atendida su sugerencia, por favor, lea en *www.tirant.net/index.php/empresa/politicas-de-empresa* nuestro procedimiento de quejas.

Responsabilidad Social Corporativa: http://www.tirant.net/Docs/RSCTirant.pdf

"A Roxana Navil, la luz en mi vida".
SOCORRO ROXANA GARCÍA MORENO.

"Dedico esta obra a todas las mujeres de México, con la esperanza de que pronto existan condiciones de igualdad sustantiva en el ejercicio de todos sus derechos".
RAMÓN CUAUHTÉMOC VEGA MORALES.

Índice

Capítulo III. COMUNIDAD LGBTIQ+

Capítulo IV. PERSONAS CON DISCAPACIDAD

Capítulo V. PUEBLOS ORIGINARIOS

PRÓLOGO

JOSÉ RAMÓN COSSÍO DÍAZ

Uno de los aspectos más interesantes de la transformación jurídica, posiblemente a nivel mundial, tiene que ver con el uso intencionado del derecho en su faceta judicial. Es decir, la manera en la que algunos actores sociales legítimamente buscan impulsar su agenda política mediante la promoción de litigios, a fin de que su posición sea reconocida en una sentencia o en algunos precedentes y, desde ahí, se logre influenciar la dinámica jurídica.

El mejor ejemplo de esta actividad lo constituye la National Association for the Advancement of Colored People (NAACP), establecida en los Estados Unidos de América en 1909. Gracias a la colaboración de un grupo amplio de abogados, profesores y activistas sociales, se formó una asociación con el propósito de mejorar las condiciones de la población afroamericana de los Estados Unidos de América, en buena medida como consecuencia de lo establecido por la Corte Suprema de ese país en el caso Plessy v. Ferguson en 1896, así como en el conjunto de leyes agrupadas bajo el título de Jim Crown. Mediante la decisión apuntada, ese tribunal estableció que, si bien los blancos y los negros eran iguales ante el derecho, resultaba posible mantener separados a ambos grupos raciales. Mediante la legislación establecida en diversos estados sureños, se concretaron las correspondientes separaciones en una amplia diversidad de bienes públicos e, inclusive, privados. El litigio más importante de la NAACP se actualizó en 1954, cuando la propia Corte Suprema revirtió lo decidido en el caso Plessy v. Ferguson mediante lo resuelto en el no menos importante caso de Brown v. Board of Education of Topeka.

Lo logrado por la NAACP es solo uno de entre los muchos ejemplos que resulta posible citar en cuanto al manejo de los litigios estratégicos. Sin embargo, una variante de ellos —que desde luego no se trata de ellos mismos— son las acciones afirmativas. Es decir, las determinaciones tomadas por los órganos jurisdiccionales para lograr, de manera expresa y sin ningún tipo de ocultamiento, la inclusión de algunas minorías en ciertos espacios tanto públicos como privados considerados valiosos. Dicho de otra manera, y siguiendo en buena medida la mecánica de los litigios estratégicos, el reconocimiento en una o varias sentencias judiciales, de la posibilidad de que las autoridades judiciales mismas, administrativas o, incluso legislativas, tengan que reconocer y garantizar la presencia de individuos pertenecientes a comunidades minoritarias. Así, por ejemplo, en la incorporación a universidades, empleos u otros espacios semejantes, precisamente con motivo de la pertenencia al colectivo considerado en desventaja.

La posición desaventajada a la que me acabo de referir, tiene desde luego un carácter histórico. Es solo a partir de una reflexión como puede llegarse a la conclusión de que un grupo está en la actualidad en una situación simultáneamente precaria y necesitada de apoyo, frente a la condición que, también evidentemente, tuvo en el pasado. Debido a los muchos intereses y prácticas que confluyen en los órganos tanto legislativos como administrativos de cualquier Estado, resulta difícil, aunque no imposible, que sean ellos mismos los que introduzcan nuevas condicionantes para el reconocimiento y remediación a que acabo de aludir. Por lo general es mediante los litigios intencionadamente promovidos por partes interesadas, los que logran modificar el statu quo mediante las sentencias de los correspondientes tribunales. En nuestro país, desde luego, han prevalecido estas últimas soluciones.

Han sido los tribunales a los que corresponde conocer de los procesos judiciales, los que han podido insertar, por decirlo así, el reconocimiento a ciertos grupos tenidos como desaventajados, en la mecánica jurídica general a fin de que sus integrantes reciban un trato diferenciado. Basta revisar lo que se ha hecho en las últimas décadas gracias a la actuación de asociaciones como el Centro de Derechos Humanos Miguel Agustín Pro Juárez (Centro Prodh), la Red Nacional de Organismos Civiles de Derechos

Humanos "Todos los Derechos para Todas y Todos" (Red TDT) o Mexicanos Contra la Corrupción y la Impunidad (MCCI), para corroborar lo que estoy aquí afirmando.

Desde el momento en el que se judicializaron las impugnaciones y resoluciones en materia electoral, surgió la pregunta acerca de las posibilidades de darle cabida a las acciones afirmativas en esa misma materia. Si, por ejemplo, era indispensable reconocer la específica posición de desventaja de los indígenas o de las mujeres en el derecho en general, y en el derecho electoral en particular, la cuestión a resolver era si los Tribunales Especializados en la materia debían hacer lo propio al dictar sus resoluciones. La respuesta a esta pregunta se dio en un sentido afirmativo. Ello conllevó a que los Tribunales Electorales no sólo admitieran las acciones impugnativas provenientes de los integrantes de esos grupos o de los grupos mismos, sino que también generaran los correspondientes reconocimientos. La historia de algunos de estos elementos constituye la materia del libro que el lector tiene en sus manos.

Se trata, en efecto, de un ejercicio para identificar qué es lo que, como acciones afirmativas, se ha ido construyendo en las resoluciones de distintos tribunales electorales. Para tal efecto, inicialmente se genera una especie de criterio de reconocimiento para saber cuáles, de entre todos los contenidos judiciales, son aquellos que satisfacen la condición de acciones afirmativas. Con base en lo anterior, se explora lo que bajo tal concepto se ha dicho en las materias de paridad, personas con discapacidad, comunidades LGTBIQ+ y los pueblos originarios. Son estos cuatro tan importantes como representativos grupos, aun cuando no, desde luego, los únicos a los que podría dárseles una identificación y tratamiento diferenciado por vía de las acciones afirmativas.

Lo relevante de este libro radica en el hecho de que nos muestra cómo es o ha sido posible introducir en la jurisprudencia el reconocimiento, así como la protección a comunidades y a personas consideradas desaventajadas. No se muestra desde luego la manera en la que prácticamente los colectivos, sus abogados, sus financiadores y otras personas con ellos vinculados, tomaron la decisión de promover las acciones afirmativas, ni las estrategias seguidas. Aun cuando sólo vemos los resultados jurídicos logrados, ello es de la mayor importancia para saber que sí es factible lograr mediante la acción judicial una sustantiva modificación a las condiciones prevalecientes del derecho. En este sentido, el libro no es solo una memoria de lo que se ha logrado hasta ahora, sino, sobre todo, una hoja de ruta para encontrar nuevos caminos para expresar la pluralidad jurídica que necesariamente tiene que consolidarse en nuestro país mediante el uso generoso de las formas jurídicas.

Muchas felicitaciones a todos los participantes en el libro, pues su trabajo nos anima a seguir sus reflexiones y, sobre todo, los ejemplos de quienes decidieron ampliarnos el mundo mediante el uso inteligente, además de comprometido, de la acción judicial.

Capítulo I.

CONCEPTOS FUNDAMENTALES

El objeto de análisis en el presente texto son las medidas afirmativas que se han emitido por las autoridades electorales con el objetivo de que mujeres y los grupos en desventaja histórica, víctimas de una discriminación estructural que no les ha permitido acceder a los cargos de elección popular en el país, cuenten con mejores posibilidades para ejercer sus derechos políticos en un contexto de mayor igualdad sustantiva.

1. ¿QUÉ SON LAS MEDIDAS AFIRMATIVAS?

La Sala Superior del Tribunal Electoral del Poder Judicial de la Federación[1], ha definido que las medidas afirmativas (también conocidas como acciones afirmativas), constituyen una medida compensatoria para situaciones en desventaja, que tienen como propósito revertir escenarios de desigualdad histórica y de facto que enfrentan ciertos grupos humanos en el ejercicio de sus derechos y con ello garantizarles un plano de igualdad sustancial en el acceso a los bienes servicios y oportunidades de que disponen la mayoría de los sectores sociales[2].

El referido órgano jurisdiccional, ha indicado también que este tipo de acciones se caracteriza por ser:

---

1 En adelante Sala Superior.

2 Sala Superior, jurisprudencia 30/2014. ACCIONES AFIRMATIVAS. NATURALEZA, CARACTERÍSTICAS Y OBJETIVO DE SU IMPLEMENTACIÓN. Gaceta de Jurisprudencia y Tesis en Materia Electoral, Tribunal Electoral del Poder Judicial de la Federación, Año 7, Número 15, 2014, páginas 11 y 12.

a) Temporales, porque constituyen un medio cuya duración se encuentra condicionada al fin que se proponen;

b) Proporcionales, ya que para su aplicación se requiere un equilibrio entre las medidas que se implementan con la acción y los resultados a conseguir, sin que se produzca mayor desigualdad que la que se pretende eliminar;

c) Razonables y objetivas, toda vez que deben responder al interés de la colectividad a partir de una situación de injusticia para un sector determinado[3].

Entonces, se trata de acciones desarrolladas por los órganos del Estado Mexicano dirigidas a lograr la igualdad sustancial en la sociedad y, en esa tónica, las personas destinatarias de tales medidas son grupos de personas que históricamente han sido víctimas de una discriminación estructural en el acceso y goce de determinados derechos, bienes u oportunidades, por lo que se encuentran en un estado de desventaja con relación a las condiciones en que vive la mayoría de la población, lo que motiva el desarrollo de las mencionadas acciones.

2. FUNDAMENTO JURÍDICO DE LAS MEDIDAS AFIRMATIVAS

Las medidas afirmativas tienen sustento en el principio de igualdad material que está reconocido en el bloque de constitucionalidad del Estado Mexicano, conformado por la Constitución General y los tratados internacionales suscritos y ratificados por los órganos de la República Mexicana, aunado a los criterios obligatorios emitidos por la Corte Interamericana de Derechos Humanos.

---

3 Gaceta de Jurisprudencia y Tesis en Materia Electoral, Tribunal Electoral del Poder Judicial de la Federación, Año 7, Número 15, 2014, páginas 11 y 12.

De acuerdo a la jurisprudencia de la Sala Superior, de la interpretación de los artículos 1°, párrafos primero y último, así como 4° de la Constitución Política de los Estados Unidos Mexicanos: 2, párrafo primero y 3, del Pacto Internacional de Derechos Civiles y Políticos, se advierte que dichos preceptos establecen el principio de igualdad en su dimensión material como un elemento fundamental de todo Estado Democrático de Derecho, el cual toma en cuenta condiciones sociales que resulten discriminatorias en perjuicio de ciertos grupos y sus integrantes, tales como mujeres indígenas, personas discapacitadas, entre otros[4].

Por tanto, ese fundamento justifica el establecimiento de medidas para revertir esa situación de desigualdad, conocidas como acciones afirmativas.

Lo expuesto resulta de alta relevancia para las autoridades de todas las esferas gubernamentales, porque la mencionada interpretación del bloque de constitucionalidad se traduce, en un aspecto práctico, en que los órganos de autoridad, desde el ámbito de sus competencias, tienen la atribución constitucional de desarrollar medidas afirmativas en los casos en que adviertan la existencia de condiciones sociales que impliquen o generen discriminación en perjuicio de determinados sectores sociales y las personas que los integran, como ha sucedido en materia electoral, por ejemplo, con las mujeres, la comunidad LGBTIQ+, quienes tienen alguna discapacidad, los grupos indígenas o pueblos originarios, las personas mexicanas residentes en el extranjero y las juventudes.

---

4 Sala Superior, jurisprudencia 43/2014. ACCIONES AFIRMATIVAS. TIENEN SU FUNDAMENTO EN EL PRINCIPIO CONSTITUCIONAL Y CONVENCIONAL DE IGUALDAD MATERIAL. Gaceta de Jurisprudencia y Tesis en Materia Electoral, Tribunal Electoral del Poder Judicial de la Federación, Año 7, Número 15, 2014, páginas 12 y 13.

3. ELEMENTOS FUNDAMENTALES DE LAS ACCIONES AFIRMATIVAS

La implementación y el diseño de las acciones afirmativas desde luego que no es arbitrario, sobre todo, porque como se mencionó, la protección de los derechos humanos de las personas destinatarias de las referidas medidas no puede tener como consecuencia la producción de una desigualdad mayor que la atendida con las acciones compensatorias.

En materia electoral, la Sala Superior ha reiterado que las acciones afirmativas constituyen medidas temporales, razonables, proporcionales y objetivas orientadas a la igualdad material, cuyos elementos fundamentales son los siguientes:

a) Objeto y fin. Hacer realidad la igualdad material y, por tanto, compensar o remediar una situación de injusticia, desventaja o discriminación; alcanzar representación o un nivel de participación equilibrada, así como establecer condiciones mínimas para que las personas puedan partir de un mismo punto de arranque y desplegar sus atributos y capacidades.

b) Destinatarias. Personas y grupos en situación de vulnerabilidad, desventaja y/o discriminación, para gozar y ejercer efectivamente sus derechos.

c) Conducta exigible. Abarca una amplia gama de instrumentos, políticas y prácticas de índole legislativa, ejecutiva, administrativa y reglamentaria. La elección de una acción dependerá del contexto en que se aplique y del objetivo a lograr. La figura más conocida de las acciones afirmativas son las políticas de cuotas o grupos.[5]

---

5 Sala Superior, jurisprudencia 11/2015. ACCIONES AFIRMATIVAS. ELEMENTOS FUNDAMENTALES. Gaceta de Jurisprudencia y Tesis en Materia Electoral, Tribunal Electoral del Poder Judicial de la Federación, Año 8, Número 16, 2015, páginas 13, 14 y 15.

Como se advierte del criterio judicial expuesto, las medidas afirmativas tienen como propósito remediar una situación discriminatoria y compensar el contexto social existente a efecto de lograr que las personas víctimas de desigualdad estructural puedan partir de un mismo punto que la mayoría en el ejercicio de sus derechos y oportunidades.

Desde luego, deben dirigirse a personas y grupos que viven situación de relegación, apartamiento o discriminación, pues son dichas personas quienes necesitan que los órganos del Estado intervengan para equilibrar la situación de desventaja.

Las medidas compensatorias pueden ser de diversos tipos, es decir, no existe alguna fórmula preestablecida para solventar el estado de discriminación, pues pueden emplearse prácticas de índole legislativa, ejecutiva, administrativa y reglamentaria, ya que la elección de la acción a tomar depende la situación en que empleen y lo que se pretenda lograr.

En tal sentido, resulta importante advertir que la figura más conocida de las acciones afirmativas son las cuotas o grupos, empero, no son la única forma en que pueden corregirse las situaciones de desigualdad estructural que viven diversos grupos de nuestra sociedad.

Por ello, además de las cuotas, las autoridades del Estado Mexicano han desarrollado diversas medidas para que las personas pertenecientes a los sectores víctimas de discriminación, gocen de condiciones de igualdad en el ejercicio de sus derechos político-electorales.

Capítulo II.

PARIDAD

La paridad de género ha sido un importante rubro en materia de acciones afirmativas ya que es el ámbito en que existe un mayor desarrollo de medidas compensatorias para el ejercicio de los derechos políticos.

La situación de discriminación histórica y estructural que han vivido de forma permanente las mujeres en nuestra sociedad ha generado que, principalmente desde los tribunales, se ordene la implementación de medidas con el propósito de lograr un contexto de igualdad sustantiva en lo electoral para las mujeres.

El principal objeto de tutela ha sido el derecho al sufragio pasivo, mediante la generación de esquemas que tienen como resultado la postulación paritaria de mujeres y hombres a diversos cargos de elección popular con el establecimiento de cuotas, así como la implementación de otras herramientas que toman en cuenta las posibilidades de triunfo de un partido político en las circunscripciones en que registra candidaturas, con la finalidad de otorgar a las mujeres participación en circunscripciones competitivas.

También se han desarrollado medidas compensatorias con el propósito de integrar paritariamente los órganos colegiados de elección popular, cuando las reglas de su conformación dan como resultado una conformación no paritaria en perjuicio de las personas de género femenino.

Todo ello, será materia de análisis en el presente capítulo.

1. BREVE EVOLUCIÓN DEL PRINCIPIO DE PARIDAD DE GÉNERO EN MATERIA ELECTORAL

Lo primero que debe decirse, es que para las mujeres ha sido sumamente difícil llegar a las posiciones de poder. Es un camino que sigue recorriéndose y que está lejos de finalizar.

El inicio del recorrido lo constituye el reconocimiento del voto de las mujeres como derecho humano en 1953 y se ha ido expandiendo de forma gradual. En los últimos años se ha acelerado el avance, sobre todo, en el acceso a las mujeres a los cargos de elección popular y el derecho fundamental de gozar de un ambiente libre de violencia en el ámbito político.

En ese largo y sinuoso andar, destaca la implementación de medidas afirmativas para la postulación de candidaturas, lo cual ha ido desarrollándose, a golpe de sentencia, así como de acciones compensatorias para la integración paritaria de los órganos de representación.

Las resoluciones de los diversos tribunales electorales de las entidades federativas, y del Tribunal Electoral del Poder Judicial de la Federación han generado, paso a paso, una transformación en la realidad que ha tenido como efecto la presencia de una mayor cantidad de mujeres en los cargos de elección popular, pero que todavía es insuficiente para lograr la igualdad sustancial.

Esas medidas también han emanado de los lineamientos emitidos por las autoridades administrativas electorales en uso de su facultad reglamentaria y, también, algunas han sido implementadas por el legislativo tanto en las leyes generales en materia electoral, como en las legislaciones locales.

En esa temática, con la finalidad de fijar el contexto actual, a continuación, se describirán brevemente los avances que en materia de paridad en el ámbito electoral se han presentado en la última década.

A. *Caso "Antijuanitas"*

El gran precedente que sirvió como punta de lanza para el desarrollo jurisprudencial del principio constitucional de paridad en la política mexicana, se dio justo en el año 2011 con la resolución del caso conocido "*antijuanitas*" en donde la Sala Superior, determinó que para la elección de diputaciones federales de dos mil doce, los partidos políticos que estaban obligados a registrar determinado porcentaje de las candidaturas propietarias por mujeres, debían postular en las respectivas suplencias a mujeres con independencia del procedimiento interno que se hubiera seguido para la selección de candidatura, lo cual tuvo el propósito de erradicar la práctica entonces recurrente, en la que una vez ganada la elección por una mujer y realizada la toma de protesta, se obligaba a la diputada propietaria a renunciar para colocar en su lugar a una persona de género masculino.

B. *La paridad horizontal y vertical*

Lo anterior, dio origen a un segundo paso: la llamada *paridad vertical* que se ha instituido como un principio en materia electoral.

Tal principio tiene dos aplicaciones. Una tratándose de fórmulas y otra referida a las planillas. En las primeras, resulta necesario postular a mujeres suplentes cuando la persona titular sea de género femenino. En las segundas, la postulación en las listas debe realizarse de forma alternada, lo cual vincula a registrar una fórmula de mujeres seguida de una encabezada por persona del género masculino, y así sucesivamente, una y una, hasta agotar los lugares.

Con el tiempo, se obligó a los partidos políticos a registrar a las mujeres en la mitad de sus candidaturas a diputaciones locales y presidencias municipales de una misma entidad federativa, lo que dio origen a la denominada *paridad horizontal*.

C. *La competitividad*

La instauración de ese tipo de obligaciones generó un nuevo fenómeno de discriminación, ahora las mujeres serían postuladas en los distritos o municipios en que el partido político respectivo, tenía bajas o remotas posibilidades de triunfo.

Desde luego, las mujeres se inconformaron con dicha situación a través de la promoción de diversas impugnaciones en diversos lugares del país, tanto para combatir los procedimientos internos de selección de los partidos políticos, como los actos de registro. Al resolver las impugnaciones el criterio que prevaleció en los tribunales fue que no debían reservarse de forma exclusiva a un solo género, aquellas posiciones con menores posibilidades de triunfo.

Con base en ello, se obligó a los partidos políticos a registrar mujeres en posiciones competitivas, tanto en diputaciones como en presidencias municipales y, dicha acción ha permitido que cada vez más mujeres accedan a los cargos de elección popular.

D. *Las gubernaturas*

Para el proceso electoral 2020-2021, ya con todas esas medidas vigentes y operantes, se presentó un reto más, la elección de diversas gubernaturas en todo el territorio nacional en procesos electorales locales que fueron celebrados de forma simultánea.

En la postulación de gubernaturas existía un claro sesgo en el país, ya que los partidos políticos nacionales postulaban en su mayoría candidaturas de hombres por ser cargos unipersonales en los que, hasta antes de ese momento, no había mandatos que dotaran de operatividad al derecho de las mujeres de acceder a los mencionados cargos. Ello causaba que también casi la totalidad de las titularidades de los poderes ejecutivos estatales fueran de género masculino.

Por tanto, tomando en cuenta dicha situación y ante la posibilidad de elegir diversas gubernaturas en un proceso electoral concurrente, la Sala Superior del Tribunal Electoral del Poder Judicial de la Federación, en una sentencia histórica, desarrolló una medida afirmativa basada en el principio constitucional de paridad, en que se vinculó a los partidos políticos nacionales a postular a candidaturas mujeres al menos en siete de las quince candidaturas relativas a la titularidad de los ejecutivos locales que iban a elegirse en el territorio nacional. Asimismo, vinculó al Congreso General, así como a los Poderes Legislativos Estatales, para que incluyeran medidas afirmativas de paridad a efecto de que las mujeres accedieran en condiciones de igualdad a las gubernaturas estatales.

La referida medida se refrendó, en el proceso electoral 2021-2022, cuya jornada de votación se llevó a cabo apenas el cinco de junio de esa última anualidad, en la que se obligó a los partidos nacionales a postular paritariamente a sus candidaturas para las seis gubernaturas que se renovaron en ese proceso electoral.

Adicionalmente, es importante referir que, en la distribución de candidaturas a las gubernaturas entre géneros, también se introdujo el criterio de competitividad a efecto de que no se otorgaran a las mujeres las postulaciones en las que cada partido político tuviera menores posibilidades de triunfo.

E. Medidas de paridad en la integración de la Cámara de diputadas y diputados federal, así como en diversos congresos locales

Un reflejo del avance en el reconocimiento de los derechos político-electorales de las mujeres, es la integración paritaria que ha sucedido en diversos órganos fundamentales para el Estado Mexicano.

El ejemplo más notable de ello es la Cámara de Diputaciones Federal cuya actual integración es de 250 diputaciones de mujeres y 250 cuyos titulares son hombres, lo cual se debió a que la

Sala Superior emitió una sentencia, en que se ajustó la asignación de representación proporcional para lograr la conformación paritaria, al retirar las constancias de asignación a dos fórmulas de género masculino de diversos partidos políticos, ordenando entregarlas a diversas fórmulas integradas por mujeres.

También es importante esclarecer que diversas legislaturas locales están integradas por la mitad o mayoría de diputaciones conformadas por mujeres.

Lo anterior evidencia, sin duda, que nos encontramos en un punto donde el reconocimiento de los derechos político-electorales de las mujeres goza de un notable avance, pero, hay que decirlo, todavía resulta insuficiente para lograr la igualdad sustantiva.

2. BASES PARA LA APLICACIÓN DE ACCIONES AFIRMATIVAS RELACIONADAS CON EL PRINCIPIO DE PARIDAD DE GÉNERO

A. *Las acciones afirmativas a favor de las mujeres no generan discriminación en perjuicio de otros grupos*

En primer lugar, debe decirse que las medidas afirmativas a favor de las mujeres tienen aparentemente el efecto de imponer restricciones (de alguna forma) el derecho de los hombres en el ejercicio de sus derechos políticos, pero no son discriminatorias.

Las acciones compensatorias de paridad constituyen medidas constitucionalmente válidas, necesarias, razonables y proporcionales porque su objetivo fundamental es revertir la situación histórica de desigualdad y discriminación estructural que las mujeres viven en nuestra sociedad en el acceso a los cargos públicos de elección popular.

La libertad absoluta con que contaba el género masculino ante la ausencia de medidas compensatorias en el goce de sus derechos políticos derivó de la implementación de un esquema social basado en el patriarcado y en estereotipos de género que imponían barreras que impedían a las mujeres el acceso a los órganos de representación del Estado Mexicano.

Por ello, las acciones afirmativas que establecen restricciones a los derechos políticos del género masculino, con la finalidad de generar espacios para la integración paritaria de los poderes públicos de elección popular, son constitucionalmente válidas y, sobre todo, herramientas indispensables a efecto de borrar las limitaciones que no permiten al género femenino el ejercicio de sus derechos sustantivos en condiciones de igualdad sustantiva.

Al respecto la Sala Superior estableció que las medidas afirmativas a favor de las mujeres, encaminadas a promover la igualdad con los hombres no son discriminatorias, ya que, al establecer un trato diferenciado entre géneros con el objeto de revertir la desigualdad existente, compensan los derechos del grupo de población en desventaja, al limitar los del aventajado.[6]

B. *Criterio para la aplicación e interpretación de las acciones afirmativas de paridad*

En vista de la discriminación estructural de que han sido objeto las mujeres, el referido órgano jurisdiccional ha indicado que las acciones afirmativas deben lograr el mayor beneficio de las mujeres, de forma que se puede aseverar que ese tipo de medidas tienen un auténtico objetivo compensatorio.

En relación con ello, es importante poner de relieve que la Sala Superior ha establecido que la paridad y las acciones afirmativas de género tienen como finalidades, entre otras, garantizar

---

6 Sala Superior, jurisprudencia 3/2015. ACCIONES AFIRMATIVAS A FAVOR DE LAS MUJERES. NO SON DISCRIMINATORIAS. Gaceta de Jurisprudencia y Tesis en materia electoral, Tribunal Electoral del Poder Judicial de la Federación, Año 8, número 16, 2015, páginas 12 y 13.

el principio de igualdad entre hombres y mujeres; promover y acelerar la participación política de las mujeres en los cargos de elección popular y eliminar cualquier forma de discriminación y exclusión histórica y estructural.[7]

Asimismo, el referido órgano jurisdiccional precisó que, si en la formulación de las disposiciones normativas que incorporan un mandato de postulación paritaria, tales como cuotas de género, o cualquier otra medida afirmativa, no se establecen explícitamente criterios interpretativos específicos, dichas normas deben interpretarse y aplicarse de la forma que más beneficien en las mujeres, al ser medidas preferenciales introducidas en su favor.[8]

Además, lo expuesto exige adoptar una perspectiva de la paridad de género como mandato de optimización flexible que admite una participación mayor de mujeres que trascienda a la paridad entendida estrictamente en términos cuantitativos, es decir, cincuenta por ciento de hombres y cincuenta por ciento de mujeres[9].

Esta afirmación se base en que la interpretación de las normas que establecen medidas afirmativas en términos estrictos o neutrales puede restringir el efecto útil de la aplicación de dichas normas y la finalidad de las acciones afirmativas, pues en esa tónica, las mujeres podrían ver restringidas sus posibilidades de ser postuladas o acceder a un número de cargos que excedan la paridad en los términos cuantitativos, cuando existen condiciones y

---

7 Sala Superior, jurisprudencia 11/2018.PARIDAD DE GÉNERO. LA INTERPRETACIÓN Y APLICACIÓN DE LA ACCIONES AFIRMATIVAS DEBE PROCURAR EL MAYOR BENEFICIO PARA LAS MUJERES. Gaceta de Jurisprudencia y Tesis en materia electoral, Tribunal Electoral del Poder Judicial de la Federación, Año 10, número 21, 2018, páginas 26 y 27.

8 Gaceta de Jurisprudencia y Tesis en materia electoral, Tribunal Electoral del Poder Judicial de la Federación, Año 10, número 21, 2018, páginas 26 y 27.

9 Gaceta de Jurisprudencia y Tesis en materia electoral, Tribunal Electoral del Poder Judicial de la Federación, Año 10, número 21, 2018, páginas 26 y 27.

argumentos que justifican un mayor beneficio para las mujeres en un caso concreto[10].

En palabras simples, lo anterior quiere decir que, al interpretar y aplicar las acciones afirmativas dirigidas a proteger los derechos de las mujeres en el ámbito electoral, debe procurarse el máximo de beneficio para las personas de género femenino, lo cual implica que concederles la mitad de los espacios para acceder a determinado cargo sólo es un piso mínimo, de forma que es posible y conforme a nuestro bloque de constitucionalidad establecer mayores o mejores condiciones en el ejercicio de los derechos de las mujeres cuando éstas tengan como resultado ir más allá de la paridad entendida como cincuenta por ciento y cincuenta por ciento.

Lo anterior, implica desde luego, que esa variación sólo puede darse en beneficio del género femenino, pues lo que pretenden las acciones afirmativas es erradicar la discriminación estructural e histórica suscitada en su perjuicio en nuestra sociedad.

C. Facultades de las autoridades administrativas electorales para adoptar medidas que garanticen el ejercicio de los derechos políticos de las mujeres en condiciones de igualdad

En principio debe tenerse en cuenta que conforme al artículo 1 de la Constitución Política de los Estados Unidos Mexicanos, todas las autoridades del Estado Mexicano, tienen la obligación de respetar, proteger, garantizar los derechos humanos de las personas, en el ámbito de sus competencias.

En relación con ello, los derechos políticos han sido reconocidos como auténticas prerrogativas fundamentales a favor de las ciudadanas y los ciudadanos del país, por lo que son objeto de la

---

10 Gaceta de Jurisprudencia y Tesis en materia electoral, Tribunal Electoral del Poder Judicial de la Federación, Año 10, número 21, 2018, páginas 26 y 27.

protección que exige a todas las autoridades el referido mandato constitucional.

La Sala Superior se ha pronunciado en el sentido que de una interpretación sistemática de los artículos 1°, 4° y 41 de la Constitución General de la República, así como de diversas disposiciones de varios tratados internacionales como la Convención Americana sobre Derechos Humanos, la Convención Interamericana para Prevenir, Sancionar y Erradicar la Violencia contra la Mujer y la Convención sobre la Eliminación de Todas las Formas de Discriminación contra la Mujer, toda autoridad administrativa electoral, en observancia de su obligación de garantizar el derecho de las mujeres al acceso a cargos de elección popular en condiciones de igualdad, tiene la facultad de adoptar los lineamientos generales que estime necesarios para hacer efectivo y garantizar el principio de paridad de género, así como a efecto de desarrollar, instrumentar y asegurar el cumplimiento de los preceptos legislativos en los que se contemplen acciones afirmativas y reglas específicas en la materia.[11]

Ello se traduce en que, tanto el Instituto Nacional Electoral, como los organismos públicos locales o institutos electorales de las entidades federativas, tienen la atribución de diseñar e implementar medidas afirmativas, en uso de su facultad reglamentaria, a fin de garantizar los derechos políticos de las mujeres y de los demás grupos históricamente relegados del acceso a los cargos de representación popular.

En innumerables procesos electorales el empleo de la mencionada atribución ha resultado de utilidad para avanzar en el reconocimiento de los derechos políticos de las mujeres (y otros

---

11 Sala Superior, tesis IX/2021. PARIDAD DE GÉNERO Y ACCIONES AFIRMATIVAS. PUEDEN COEXISTIR EN LA INTEGRACIÓN DE ÓRGANOS COLEGIADOS CUANDO BENEFICIEN A LAS MUJERES. Gaceta de Jurisprudencia y Tesis en materia electoral, Tribunal Electoral del Poder Judicial de la Federación, Año 14, número 26, 2021, páginas 55 y 56.

sectores sociales considerados en situación desventaja) porque a través de los lineamientos o reglas emitidas por las autoridades administrativas locales, han sido implementadas medidas afirmativas que generan mayores condiciones de igualdad en el ejercicio de los derechos de las personas, aún ante la falta de disposiciones legales al respecto.

D. Paridad y otras medidas afirmativas

En relación con lo anterior, resulta importante advertir que la paridad de género y la exigencia que derivan de la igualdad material, deben observarse en la postulación de candidaturas para la integración de órganos de representación federales, estatales y municipales, ya que emerge como un parámetro de validez que deriva del mandato constitucional y convencional de establecer normas para garantizar el registro de candidaturas acordes al mencionado principio, así como medidas de todo tipo para hacer efectivo su cumplimiento, por lo que debe permear en la postulación de candidaturas en la integración de los órganos de representación de todos los niveles, a efecto de garantizar un modelo plural e incluyente de participación política en los distintos de gobierno[12].

En relación con este tópico, debe decirse que la paridad de género se ha reconocido ya como un principio permanente que rige en la integración de todos los órganos del Estado Mexicano, tanto aquellos de elección popular como en los que las personas que los integran son nombradas por algún método de impugnación.

---

12 Lo expuesto se afirma la Sala Superior, en la jurisprudencia 6/2015. PARIDAD DE GÉNERO. DEBE OBSERVARSE EN LA POSTULACIÓN DE CANDIDATURAS PARA LA INTEGRACIÓN DE ÓRGANOS DE REPRESENTACIÓN POPULAR FEDERALES, ESTATALES Y MUNICIPALES. Gaceta de Jurisprudencia y Tesis en materia electoral, Tribunal Electoral del Poder Judicial de la Federación, Año 8, número 16, 2015, páginas 24, 25 y 26.

Ello encuentra su sede en las disposiciones del bloque de constitucionalidad, específicamente en las disposiciones de la reforma denominada "*paridad en todo*" publicada en el Diario Oficial de la Federación el seis de junio de dos mil diecinueve, por la que fueron modificados nueve artículos de la Constitución Política de los Estados Unidos Mexicanos, con motivo de la cual fue introducida la aplicación del principio de paridad entre mujeres y hombres en todos los poderes públicos y niveles de gobierno.

Por su parte, las medidas afirmativas son acciones temporales que permiten acelerar la presencia de sectores subrepresentados o en situación de vulnerabilidad en los espacios y de toma de decisiones.

Ambas, es decir, tanto la paridad como las medidas compensatorias dirigidas a grupos en situación de vulnerabilidad, tienen como finalidad lograr la igualdad sustantiva o de facto en el ejercicio de los derechos políticos de los grupos poblacionales o personas a los que están dirigidos.

Con base en lo anterior, la Sala Superior ha definido que pueden coexistir la paridad y las acciones afirmativas, en contextos de integración de órganos colegiados cuando no se ponga en riesgo su integración paritaria.

El referido criterio tiene la finalidad de evitar la existencia de esquemas que releguen a las mujeres del acceso paritario a las candidaturas, así como a los órganos de representación o designación, con el argumento de otorgarle protección a otros sectores.

Ello no impide generar espacios para la participación de grupos poblaciones en situación de desventaja o discriminación, sino que, simplemente, restringe la creación y puesta en marcha de acciones que tengan como propósito o resultado eludir el principio de paridad en la conformación de los órganos del poder público.

En esa tónica, debe buscarse un equilibrio en el desarrollo de acciones afirmativas que permita lograr la paridad y, a la vez, la inclusión de personas o grupos sociales en situación de vulnerabilidad.[13]

3. ANÁLISIS DE DIVERSOS CASOS RELACIONADOS CON EL PRINCIPIO DE PARIDAD

Los mencionados principios jurisprudenciales han cobrado aplicación en diversos asuntos resueltos por los órganos jurisdiccionales, de los que se han desprendido importantes criterios tendientes a lograr la igualdad material en el goce de los derechos político electorales de las mujeres.

A continuación, serán presentadas las infografías de una serie de casos que han dejado importantes contribuciones al desarrollo del principio, sobre todo, en el pasado reciente, con la finalidad de exponer brevemente los últimos avances en la interpretación e implementación del mencionado principio constitucional.

A. *Paridad y procesos de selección de candidaturas de los partidos políticos*

El primer gran precedente de este tema fue la sentencia emitida en el juicio SUP-JDC-12624/2011 y acumulados, emitida por la Sala Superior del Tribunal Electoral del Poder Judicial de la Federación que se ha conocido comúnmente como caso "antijuanitas".

---

13 Magistraturas del Tribunal Electoral de Poder Judicial de la Federación: ALANIS Figueroa, María del Carmen; CARRASCO Daza, Constancio; GALVÁN Rivera, Flavio; GONZÁLEZ Oropeza, Manuel; NAVA Gomar, Salvador Olimpo; PENAGOS López, Pedro Esteban y LUNA Ramos, José Alejandro (Presidente). "*Diálogos judiciales, versiones estenográficas. Cuotas de género en el registro de candidaturas. Expediente SUP-JDC-12624/2011* y acumulados", México, Tribunal Electoral del Poder Judicial de la Federación, 2012, página 17.

En dicho precedente el citado órgano jurisdiccional se determinó la obligación de los partidos políticos de cumplir con la cuota de género para los cargos de la Cámara de Diputaciones y Senadurías del Congreso de la Unión -entonces del 40%- e integrar sus candidaturas con personas propietaria y suplente del mismo género, lo cual debía aplicarse a las postulaciones de mayoría relativa y representación proporcional.

Además, en la mencionada resolución, precisó que ello debía cumplirse con independencia de la forma del proceso de elección del que emanaran las candidaturas, con lo que terminó la excepción a las reglas de paridad con el pretexto de que las postulaciones emanaban de procedimientos internos de selección democráticos.

Asimismo, se precisó que las listas de representación proporcional debían ser integradas en segmentos de cinco candidaturas cada uno de ellos conformado al menos dos fórmulas de género femenino conformadas por persona propietaria y suplente del mismo género, distribuidas en forma alternada con las demás.

Lo anterior, dio lugar a la formación de la jurisprudencia 16/2012 de la Sala Superior en que se precisó que las fórmulas que se registren a efecto de observar las cuotas de género, deben integrarse con personas propietaria y suplente del mismo género, pues de resultar electas y presentarse la ausencia del propietario, éste sería sustituido por una persona del mismo género, lo que además, trascendería al ejercicio del cargo, favoreciendo la protección más amplia del derecho político-electoral de sufragio pasivo.[14]

---

14 Sala Superior, jurisprudencia 16/2012. CUOTA DE GÉNERO LAS FÓRMULAS DE CANDIDATOS A DIPUTADOS Y SENADORES POR AMBOS PRINCIPIOS DEBEN INTEGRARSE POR PERSONAS DEL MISMO GÉNERO. Gaceta de Jurisprudencia y Tesis en materia electoral, Tribunal Electoral del Poder Judicial de la Federación, Año 5, número 10, 2012, páginas 19 y 20.

La mencionada situación fue replicada en el ámbito local y, las Salas Regionales del Tribunal Electoral del Poder Judicial de la Federación, comenzaron a resolver asuntos con problemática similar.

Un precedente relevante deriva de la legislación del Estado de Chihuahua que fue resuelto por la Sala Regional del referido tribunal, correspondiente a la Primera Circunscripción Plurinominal de la República Mexicana, dentro de la que se encuentra asentada la referida entidad federativa.

En el expediente identificado con la clave SG-JDC-48/2013 y acumulados, el mencionado órgano judicial de la región, determinó que, en el ámbito local, los partidos políticos y coaliciones deben postular al menos el cincuenta por ciento de sus candidaturas a diputaciones locales, ayuntamientos y sindicaturas, por fórmulas integradas por mujeres. Además, precisó que ese deber no admitía excepción alguna, por lo que debía cumplirse con independencia de que las personas postuladas por los partidos políticos o coaliciones hubieran sido seleccionados para ocupar una candidatura mediante procesos internos de selección democráticos.

Lo anterior, involucró la inaplicación de algunas porciones normativas de la legislación electoral local, que permitían el incumplimiento de las mencionadas obligaciones, así como excepciones a los mencionados deberes. A efecto de mayor claridad, a continuación, se expone una infografía que ilustra lo resuelto en el mencionado caso.

OBLIGACIÓN DE LOS PARTIDOS POLÍTICOS DE CUMPLIR CON LA POSTULACIÓN PARITARIA DE CANDIDATURAS CON INDEPENDENCIA DEL TIPO DE PROCEDIMIENTO DE SELECCIÓN

SG-JDC-48/2013 Y ACUMULADOS. SALA REGIONAL GUADALAJARA TEPJF

¿Existe una excepción al principio de paridad de género en la postulación de candidaturas si la selección fue resultado de un procedimiento democrático regulado por los estatutos de un partido político?

¿Es optativo para partidos políticos y coaliciones integrar el 50% de candidaturas de género femenino en atención al principio de paridad de género?

Un instituto electoral local emitió un acuerdo que regulaba la postulación de candidaturas a puestos de elección popular en el ámbito local (diputaciones, miembros de ayuntamiento y sindicaturas), donde utilizó la frase "en la medida de lo posible" para referirse al cumplimiento de la paridad de género en la postulación de las fórmulas y planillas respectivas.

Así mismo, en el acuerdo impugnado la responsable dispuso que, estaban exceptuadas del cumplimiento del principio de paridad de género, las postulaciones de candidaturas producto de un procedimiento democrático seguido de acuerdo a los estatutos de un partido político.

SENTIDO

Inaplicar al caso concreto las porciones normativas aplicadas en el acuerdo impugnado que establecían, tanto la excepción de cumplir con la paridad de género en las candidaturas emanadas de un procedimiento interno de elección democrático como que no era obligatoria la alternancia entre géneros en las postulaciones de candidaturas suplentes de los cargos municipales.

En consecuencia, ordenó modificar el acto controvertido en cumplimiento al principio de paridad de género para que se cumpliera con la obligación de postular paritariamente las candidaturas a diputaciones locales por ambos principios y postular personas propietarias y suplentes del mismo género en las fórmulas encabezadas por mujeres.

Asimismo, se estableció la obligatoriedad de respetar la postulación paritaria y la alternancia de género en las planillas de cargos municipales, tanto en cargos titulares como suplentes.

RAZONES QUE SOSTIENEN EL CRITERIO

1. No hay excepciones a las cuotas de género, aun cuando resulten de un procedimiento democrático a cargo de partidos políticos.

2. No es optativo para los partidos políticos y coaliciones el cumplimiento de la exigencia de postular fórmulas de género femenino en la mitad de las candidaturas que propongan.

3. Existe obligación de atender la alternancia de género respecto a las personas suplentes en las candidaturas, de modo que éstas deben de ser de género femenino en las fórmulas encabezadas por mujeres. Lo anterior, porque las autoridades del Estado Mexicano están obligadas a garantizar y darle efectividad a la protección de los derechos políticos de las mujeres.

CONCLUSIÓN

Los partidos políticos están obligados a cumplir con las cuotas de género. En tal sentido, tienen la obligación de postular fórmulas integradas por mujeres en al menos la mitad de las candidaturas que propongan a cargos de elección popular equivalentes. También están vinculados por el deber de respetar el género de la persona titular de la fórmula, de forma que, en las encabezadas por mujeres, la suplente no puede ser de género distinto.

A lo anterior debe adicionarse que, tratándose de candidaturas postuladas por lista o planilla, debe obedecerse la alternancia de género, es decir, si la primera fórmula es de género masculino, la segunda debe estar integrada de género femenino y, así sucesivamente, hasta agotar la lista o planilla.

En atención a los temas expuestos en el presente apartado, resulta importante precisar que el principio que exige postular personas propietaria y suplente del mismo género en una fórmula tuvo una notable evolución en la jurisprudencia de la Sala Superior.

En la tesis XII/2018 el órgano jurisdiccional indicó que la exigencia de postular fórmulas de candidaturas integradas por personas del mismo sexo, interpretado con una perspectiva de género que atienda los principios de igualdad y paridad, con la intención de promover en mayor medida la participación de las mujeres en la vida política del país, permite en las fórmulas encabezadas por hombres, que la posición suplente sea ocupada de forma indistinta por un hombre o una mujer.[15]

B. Implementación del criterio de efectividad

Como se adelantó, de las fórmulas que se integran con persona propietaria y suplente, en las encabezadas por mujeres ambas posiciones tienen que ser del mismo género. Adicionalmente, en las listas o planillas integradas por varias fórmulas, al menos la mitad de ellas debe conformarse por mujeres, aunado a que deben acomodarse de manera alternada, es decir, una de un género, seguida de otra de distinto sexo. Estas reglas son necesarias para cumplir la llamada paridad vertical y aplican tanto a los cargos de mayoría relativa como representación proporcional.

Por su parte, la paridad horizontal implica que, entre los cargos idénticos a elegir en un proceso electoral en diversas circunscripciones, al menos la mitad de las postulaciones esté integrada por mujeres. Ello se traduce, por ejemplo, en que el 50% de las

---

15 Sala Superior, tesis XII/2018. PARIDAD DE GÉNERO. MUJERES PUEDEN SER POSTULADAS COMO SUPLENTES EN FÓRMULAS DE CANDIDATURAS ENCABEZADAS POR HOMBRES. Gaceta de Jurisprudencia y Tesis en materia electoral, Tribunal Electoral del Poder Judicial de la Federación, Año 5, número 10, 2012, páginas 19 y 20.

candidaturas a diputaciones de mayoría relativa para determinado órgano legislativo, cuente con personas de género femenino, o bien, que en los municipios de una entidad federativa, los partidos postulen mujeres como mínimo en la mitad de dichas demarcaciones, o incluso, que cuando existan varias gubernaturas a renovar de forma simultánea, el cincuenta por ciento de las candidaturas que postule para dichos cargos un partido o coalición, esté ocupado por mujeres.[16]

Sin embargo, a pesar de existir esos deberes de postulación en los diversos niveles de competencia gubernamental, los partidos políticos otorgaban a las mujeres, las posiciones en que la tenían menores posibilidades de triunfo con el propósito de que los hombres accedieran en mayor medida a los cargos de elección popular.

Ante dicha situación, a raíz de diversas impugnaciones presentadas contra esos esquemas de postulación, comenzaron a surgir criterios de efectividad que impedían a los partidos políticos o coaliciones otorgar de forma exclusiva a un mismo género, las circunscripciones en las que tenían menores posibilidades de obtener el triunfo.

Con ello se introdujo el mandato de dividir en bloques iguales de alta, media y baja competitividad, con base en los resultados del proceso electoral inmediato anterior, todas las circunscripciones de un mismo tipo en que postulara candidaturas un partido político o coalición (municipios, distritos o entidades federativas), con la obligación de otorgar al menos la mitad de las posiciones de los segmentos con mayor y moderada rentabilidad a las mujeres, sin que pudiera otorgárseles las mayoría de las demarcaciones de menor competitividad, en ninguno de los tres bloques.

---

16 Ver: Sala Superior, jurisprudencia 7/2015. Gaceta de Jurisprudencia y Tesis en materia electoral, Tribunal Electoral del Poder Judicial de la Federación, Año 8, número 16, 2012, páginas 26 y 27.

Tales medidas tienen claramente la intención de asignar a las mujeres lugares con posibilidades reales de triunfo en igual cantidad que los hombres, lo cual tiene el efecto de incidir de modo directo en que las mujeres accedieran a los cargos de elección popular y volver una realidad tangible el derecho de igualdad material. A continuación, se presenta una infografía relativa a uno de los primeros casos en que fueron establecidas medidas de efectividad en el otorgamiento de candidaturas a mujeres en cargos de elección popular a nivel local, la cual expone con mayor amplitud los argumentos tomados en cuenta a efecto de introducir ese tipo de acciones de paridad.

PARIDAD Y COMPETITIVIDAD EN LAS CIRCUNSCRIPCIONES ELECTORALES (DIPUTACIONES LOCALES)

SG-JDC-460/2014 Y ACUMULADOS. SALA REGIONAL GUADALAJARA TEPJF

¿Los partidos políticos pueden elegir libremente los distritos donde postulan a mujeres en aras de cumplir con el mandato que exige postular fórmulas integradas por personas de dicho género en al menos el 50% de la totalidad de las candidaturas a las diputaciones locales?

SÍNTESIS DEL CASO

De acuerdo con datos de las últimas elecciones registradas hasta ese momento, un partido político postuló personas del sexo masculino en los cinco distritos donde tenía mayores posibilidades de triunfo.

SENTIDO

Revocar el acuerdo impugnado, mediante el cual el partido político responsable publicó la convocatoria para la postulación de candidaturas con el supuesto objeto de garantizar la paridad de género (en que reservó la mitad de las candidaturas a diputaciones locales para candidaturas femeninas, pero desplazándolas de los distritos en que el partido tenía mayores posibilidades de triunfo).

RAZONES QUE SOSTIENEN EL CRITERIO

Los partidos políticos deben buscar en la mayor medida posible garantizar el acceso de mujeres a cargos públicos, por lo cual tienen la obligación de reservar para la postulación de mujeres dos de los cinco distritos donde el instituto político obtuvo el triunfo en las elecciones anteriores; así mismo se indicó que debían reservarse para ese género, como mínimo, cinco de los diez distritos donde el partido en cuestión obtuvo mejores resultados electorales en la elección inmediata anterior.

CONCLUSIÓN

Los partidos políticos deben garantizar la paridad de género, mediante criterios objetivos que permitan hacer efectivo el acceso de mujeres en los espacios de representación popular.

C. *Distribución competencial en el establecimiento de medidas afirmativas*

Las autoridades administrativas electorales cuentan con competencia constitucional para emitir medidas afirmativas en el acceso a las candidaturas o bien a los cargos de elección popular.

Sin embargo, en la emisión de las acciones compensatorias debe respetarse la distribución competencial existente entre el ámbito nacional y el estatal, de acuerdo a lo establecido por los artículos 41 y 116 de la Constitución General de la República.

Al respecto, es importante decir que la Sala Superior ha establecido que el Instituto Nacional Electoral no cuenta con atribuciones para implementar medidas afirmativas tratándose de las postulaciones de los cargos de elección popular a nivel local.

Por su parte, los organismos públicos locales de las entidades federativas son quienes tienen la facultad de desarrollar acciones compensatorias a favor de los grupos discriminados en el ámbito local.

En relación con esta temática surgió un importante precedente emitido por la Sala Superior.

El Instituto Nacional Electoral emitió un acuerdo en que estableció reglas de paridad en la postulación de las diversas candidaturas a las gubernaturas de las entidades federativas que serían electas en los procesos electorales locales 2020-2021, el cual fue revocado por la Sala Superior en atención a que la autoridad administrativa electoral carece de facultades de regulación del cumplimiento de la paridad en los registros de candidaturas locales.

Con ello, se esclareció que la competencia para emitir reglas o lineamientos de paridad en el ámbito local corresponde a los institutos electorales de las entidades federativas.

A continuación, se inserta una infografía en que explica el mencionado precedente.

ACCIONES AFIRMATIVAS DE PARIDAD EN GUBERNATURAS

SUP-RAP-116/2020 Y ACUMULADOS. SALA SUPERIOR TEPJF

¿El Instituto Nacional Electoral puede obligar a los partidos políticos a postular mujeres en determinado número de candidaturas a las gubernaturas en diversas entidades federativas sin que exista mandato legal que lo faculte para ello?

SÍNTESIS DEL CASO 

El Instituto Nacional Electoral emitió un acuerdo en que estableció criterios generales para garantizar la paridad de género en las postulaciones que realizarían los partidos políticos a las diversas gubernaturas que serían electas simultáneamente en varias entidades de la república, en los respectivos procesos locales 2020-2021.

SENTIDO 

1. Revocar el acuerdo impugnado ante la ausencia de atribuciones del INE para regular el cumplimiento de paridad en los registros de candidaturas locales.

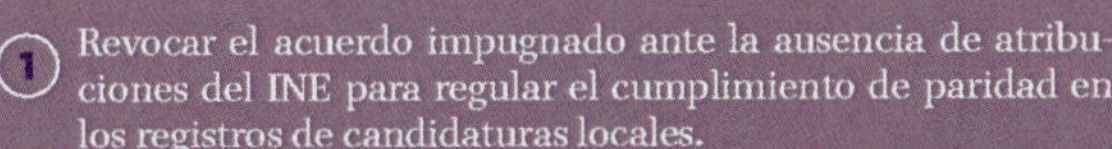

2. No obstante, se vinculó al Congreso de la Unión y los órganos legislativos de las entidades federativas, a efecto de que regularan la postulación paritaria de candidaturas a las gubernaturas correspondientes en los próximos procesos electorales.

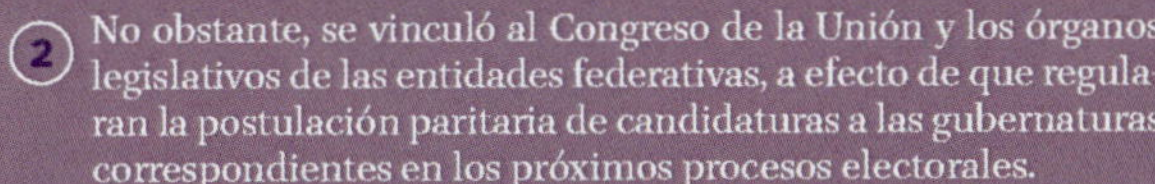

3. Ante la necesidad de cumplir con el mandato derivado del principio de paridad en el acceso a las candidaturas a las gubernaturas, la Sala Superior vinculó a los partidos políticos para que postularan mujeres en al menos 7 de las 15 candidaturas a gubernaturas que se renovarían en el año 2021.

RAZONES QUE SOSTIENEN EL CRITERIO
1 El Instituto Nacional Electoral se atribuyó competencias exclusivas del legislador local, al emitir acciones afirmativas con las que vinculaba a los partidos políticos nacionales y sobre todo a los locales, a reservar cierto número de candidaturas a las gubernaturas respectivas para mujeres.
2 Si una autoridad excede sus facultades con la intención de tutelar derechos fundamentales, sin atender a la distribución competencial, existe riesgo de lesionar otros principios constitucionales como los de legalidad, igualdad, seguridad jurídica, debido proceso, entre otros.
3 No obstante, la ausencia de legislación expresa para cumplir con la paridad de género en la postulación de candidaturas a gubernaturas, existe la obligación constitucional y convencional de hacerlo.

CONCLUSIÓN 

En atención a que, conforme a la distribución de atribuciones que existe en materia electoral, el INE no tiene competencia para imponer reglas de género a las postulaciones realizadas para los cargos de elección popular en las entidades federativas, como sucedió al imponer a los partidos políticos la obligación de reservar cierto número de candidaturas a las mujeres para la titularidad de los ejecutivos locales.

No obstante, ante la ausencia de disposiciones legales al respecto, la Sala Superior reconoció la existencia del deber de cumplir con la paridad de género en la postulación de candidaturas a los cargos de titularidad de los Poderes Ejecutivos Estatales, por lo que ordenó a los partidos políticos nacionales, reservar para las mujeres, al menos 7 de las 15 gubernaturas en disputa en aquel proceso electoral, con el objetivo de darle eficacia a los derechos humanos de igualdad y no discriminación contra las mujeres en el ejercicio del sufragio pasivo.

El aludido precedente también es relevante porque permite apreciar que, ante la ausencia de legislación y lineamientos administrativos para proteger el cumplimiento del principio de paridad en el acceso a las referidas candidaturas, los tribunales están facultados para diseñar y ordenar la implementación de determinadas acciones compensatorias para lograr la paridad sustantiva en dicho ámbito.

Lo anterior, porque como se desprende del precedente referido, frente a la ausencia de normatividad que dotara de efectividad el derecho de las mujeres de ser postuladas en condiciones de igualdad a las gubernaturas, la Sala Superior ordenó a los partidos políticos que en la mitad o el número más cercano a ella, colocaran a candidaturas de mujeres para contender por la titularidad de los Poderes Ejecutivos de los Estados en que participaran, además de que instruyó tanto al Congreso Federal como a los órganos legislativos locales legislar medidas de paridad dirigidas a las gubernaturas de cara a los siguientes procesos electorales.

D. Criterio poblacional en medidas de paridad de género

Aún con la existencia de las referidas dimensiones del principio de paridad siguen presentándose fenómenos discriminatorios, sobre todo, en las postulaciones a las presidencias de los municipios en las entidades federativas.

Una situación observada es que aún con la obligatoriedad de la postulación mediante bloques de competitividad, en atención a la cantidad de municipios que tiene cada Estado, las mujeres no son postuladas en las demarcaciones con mayor importancia poblacional, sino que, por el contrario, son los hombres a quienes se asignan la mayoría de las candidaturas de presidencia en los mencionados ayuntamientos.

En tal escenario, algunos organismos públicos locales electorales han desarrollado acciones para incluir un criterio con base en el cual debe postularse una mayor cantidad de mujeres en los municipios de mayor población e importancia de un Estado, en condiciones de paridad respecto a los hombres.

También es importante hacer notar que la Sala Superior ha declarado la validez constitucional de ese tipo de acciones porque tienden a lograr la igualdad sustantiva en el acceso a los cargos de elección popular, pues contribuyen a que las mujeres accedan a las demarcaciones de mayor importancia demográfica y económica, así como que con ello se aumente la población gobernada por personas de género femenino, lo cual les otorga, entre otras cosas, una mayor visibilidad en el ámbito político.

Enseguida se inserta la infografía de la sentencia que validó las acciones compensatorias emitidas por un organismo público electoral para permitir la participación de las mujeres en condiciones de igualdad en las candidaturas a la presidencia de los municipios con mayor importancia en una entidad federativa.

INCIDENCIA DEL CRITERIO POBLACIONAL DE LAS CIRCUNSCRIPCIONES ELECTORALES EN LA DISTRIBUCIÓN DE POSTULACIONES CON BASE EN EL PRINCIPIO DE PARIDAD DE GÉNERO Y TEMPORALIDAD PARA EMITIR MEDIDAS AFIRMATIVAS

SUP-REC-118/2021 Y ACUMULADOS. SALA SUPERIOR TEPJF

I. PROBLEMA JURÍDICO DEL ASUNTO

¿Para cumplir con el principio de paridad de género se debe tomar en consideración el número de habitantes de un municipio con el propósito de evitar que los partidos políticos postulen el 50% de las candidaturas para mujeres en los territorios con poblaciones más pequeñas?

¿Se puede adoptar el criterio poblacional para la postulación de candidaturas exclusivas para mujeres aun cuando ya concluyeron las precampañas?

II. SÍNTESIS DEL CASO

Una Sala Regional revocó la resolución de un Tribunal local que había ordenado revocar parcialmente el acuerdo emitido por un instituto electoral local respecto a las medidas afirmativas de paridad de género previstas en dicho acto de la autoridad administrativa estatal porque no garantizaban la participación de las mujeres en igualdad de oportunidades que los hombres en los municipios con mayor población de la entidad federativa. En su sentencia, el órgano de justicia electoral estatal, precisó que debían postularse mujeres de forma paritaria en las presidencias municipales correspondientes a los municipios de mayor población en el Estado.

No obstante que, la Sala Regional estimó adecuada la medida concedida por el órgano jurisdiccional estatal, revocó la sentencia referida porque a su juicio resultaba inviable la adopción de las medidas afirmativas referidas, pues ya habían concluido las precampañas.

III. RESUMEN DE LA SENTENCIA ANALIZADA

Sentido:

Revocar la determinación de la Sala Regional, en virtud de que la temporalidad en la que se encontraba el proceso electoral, no representaba un impedimento para dejar de adoptar una medida tendiente a cumplir con el principio de paridad de género.

Con ello quedaron intocadas las modificaciones por el Tribunal Electoral del Estado a las medidas afirmativas desarrolladas por la autoridad administrativa de la materia en la entidad federativa.

Razones que sostienen el criterio:

1. Si bien existe mandato constitucional que prohíbe las modificaciones fundamentales de las reglas del proceso electoral dentro de los noventa días anteriores a su inicio y durante su desarrollo, la materia de análisis en el caso concreto trata de una medida instrumental con el objeto de mejorar las condiciones cualitativas con las que los partidos políticos dan cumplimiento al principio de paridad de género en favor de las mujeres.

2. Incluso iniciadas las campañas electorales se pueden optimizar las reglas que someten a los partidos políticos, con relación a cumplir el principio de paridad de género, porque estás no constituyen modificaciones sustanciales al proceso electoral de las que prohíbe la Constitución general.

3. Con ello no se transgrede el principio de autodeterminación de los partidos políticos, porque si bien estos pueden preparar su estrategia electoral con base en la selección de candidaturas, deben hacerlo con respeto al principio de paridad de género.

4. Para cumplir con el principio de paridad de género, es necesario que se reserven candidaturas para mujeres, en un sentido de igualdad sustancial, en los municipios con mayor población, pues así se garantiza una mayor representatividad.

CONCLUSIÓN

Deben emitirse acciones afirmativas que garanticen la participación política de mujeres en los municipios con mayor población en condiciones de igualdad sustantiva, sin que sea impedimento para tal efecto que en la etapa del proceso electoral ya hayan transcurrido las precampañas, pues esta resulta una medida instrumental que no afecta sustancialmente las reglas que rigen el proceso electoral.

También resulta importante el mencionado criterio porque como se plasma en la infografía, permite la aprobación de acciones afirmativas tendientes a promover y garantizar las condiciones de igualdad sustantiva en un proceso electoral una vez comenzado, siempre que su avance no se encuentre en un estado que haga imposible implementarlas, lo que permite emitirlas y aplicarlas de forma previa a la conclusión de la fase registro, aunque la oportunidad para ello dependerá de la valoración realizada en cada caso concreto.

Lo anterior también revela que las medidas compensatorias en materia de paridad no se consideran reglas fundamentales del proceso electoral porque tienen como finalidad desarrollar un derecho constitucionalmente reconocido que debe hacerse eficaz en las postulaciones a las candidaturas, de forma que la emisión de lineamientos en ese tema no está sujeta a la restricción de emitirlos cuando menos noventa días antes del inicio de proceso electoral para que puedan tener validez.

Así, las medidas compensatorias en materia de paridad pueden emitirse durante el curso del proceso electoral en curso, además de ser obligatorias y vinculantes en dicho procedimiento.

E. *Medidas afirmativas de paridad en la integración de los órganos públicos de representación popular*

El objetivo de las medidas afirmativas es lograr la igualdad material en el goce de los derechos políticos de los grupos o sectores poblacionales víctimas de discriminación y, por ello, no existe un catálogo de acciones compensatorias, sino que deben adoptarse aquellas que mejor contribuyan a la consecución de la mencionada finalidad.

En materia de paridad, como se ha visto, existen varias medidas que aplican a la postulación de candidaturas con la intención de propiciar que las mujeres accedan en mayor medida a los cargos públicos de elección popular.

Con el propósito de alcanzar la igualdad sustantiva en el ejercicio del voto pasivo, se han implementado también otras acciones compensatorias que tienen lugar en la integración de los órganos de representación a efecto de conseguir que se conformen, al menos, con la mitad de mujeres.

Al respecto, cabe referir que la Sala Superior, a través de diversos precedentes ha sostenido que deben llevarse a cabo a las asignaciones de representación proporcional realizadas en los órganos legislativos y en los ayuntamientos, cuando una vez efectuada la distribución de los cargos por ese principio, la conformación de los mencionados órganos tiene como resultado un desequilibrio en materia de paridad (mayor cantidad de hombres que de mujeres).

Para lograr lo anterior se han desarrollado diversos métodos de compensación de acuerdo a las legislaciones que rigen la conformación específica de cada órgano, pero en todos los casos, el procedimiento tiene como común denominador el retiro de las asignaciones a fórmulas encabezadas a personas de género masculino para otorgarlas a favor del género femenino. A continuación, se insertan las infografías relativas a dos medios de impugnación resueltos por la Sala Superior en que se realizan ajustes a las listas de representación proporcional a efecto de conseguir una integración paritaria del órgano representativo respectivo.

En el primero de los precedentes que se expone en las mencionadas ilustraciones, el ajuste realizado a la integración de un Congreso local con la finalidad de lograr la paridad, ocurrió mediante el retiro de una asignación a un partido sobre representado para entregarla a uno diverso que se encontraba dentro de los límites legales de representación.

Además, el ajuste fue realizado respecto de una asignación recaída a una fórmula encabezada por una persona de género masculino indígena adulta mayor para otorgársela a una candidatura de mujeres, lo que también deja avizorar que, en la ponderación realizada en dicha sentencia, el principio de paridad fue preferido sobre el cumplimiento de las acciones afirmativas implementadas en favor de otros grupos vulnerables cuando los beneficiarios son hombres. Lo resuelto en la mencionada sentencia se explica a continuación.

LÍMITES A LA REPRESENTACIÓN LEGISLATIVA Y PARIDAD DE GÉNERO

SUP-REC-1187/2018 Y ACUMULADOS. SALA SUPERIOR TEPJF

I. PROBLEMA JURÍDICO DEL ASUNTO

¿Es correcta la aplicación de la ley en el sentido de retirar una curul a un partido subrepresentado para asignársela a un diverso instituto político que se encuentra sobrerrepresentado?

¿Para alcanzar la paridad de género en un Congreso local se puede retirar una curul a un partido sobrerrepresentado otorgada a favor de una persona indígena adulta mayor, para asignarla a otro instituto político subrepresentado, en favor de una fórmula encabezada por una mujer con el propósito de lograr la integración paritaria del órgano legislativo estatal?

II. SÍNTESIS DEL CASO

La Sala Regional revocó una determinación de un Tribunal local, relativa a dejar sin efectos la asignación de una diputación por el principio de representación proporcional a un partido político y asignársela a uno diverso, atendiendo a los mandatos constitucionales que buscan evitar la subrepresentación y sobrerrepresentación de organización políticas.

Además, en la resolución de la Sala Regional, se determinó cambiar la asignación de una diputación por el principio de representación proporcional que por lista tocaba a una persona indígena y adulta mayor, para dársela a una mujer, en aras de alcanzar la paridad de género en la integración del Congreso local.

III. RESUMEN DE LA SENTENCIA ANALIZADA

Sentido:

Confirmar la resolución de la Sala Regional, pues efectivamente el partido político al que se le asignó originalmente una curul por el principio de representación proporcional se encontraba sobrerrepresentado en el Congreso local, atendiendo a la votación efectiva que recibió, así mismo, se indicó que el órgano regional apreció correctamente las disposiciones normativas que perseguían la integración paritaria del Poder Legislativo local.

Razones que sostienen el criterio:

1. Evitar la sobrerrepresentación partidista, implica que, entre el porcentaje de votos emitidos y el de ocupación de curules en la Cámara respectiva, no debe haber una diferencia mayor de ocho puntos a menos que se trate de curules obtenidos a través del principio de mayoría relativa.

2. Así pues, el principio de representación proporcional tiene como finalidad evitar la subrepresentación de partidos políticos, con ello buscar que los votos emitidos en la contienda electoral se reflejen en la integración del Poder Legislativo en la mayor medida posible, siempre que el partido respectivo alcance por lo menos el 3% de la votación.

3. El partido político que se benefició con el retiro de una curul a su homólogo, estaba subrepresentado, pues obtuvo un 14.3988% y solo se le había asignado una diputación por el principio de mayoría relativa, lo que representaba el 3.70% del Congreso local.

4. Así pues, la medida atiende a la Ley Electoral local que establece en los casos en que se actualiza este supuesto, se restará una curul al partido político que se encuentre sobrerrepresentado, como acertadamente previó la Sala Regional.

5. Existe libertad configurativa del legislador estatal en este tópico, pues, el artículo regulado en la Ley Electoral local es proporcional, en virtud de que busca compensar a los partidos políticos subrepresentados en el Congreso local.

6. La paridad no es una medida temporal, sino una obligación constitucional y convencional, que forma parte de los principios rectores de los procesos democráticos, en atención a la obligación constitucional de velar por la igualdad y no discriminación.

7. En el caso, la persona indígena y adulta mayor no demostró tener un mejor derecho que la mujer, para efecto de que se dejará de aplicar el principio de paridad de género.

8. No hay evidencia de que la acción afirmativa que protege a la persona indígena y adulta mayor, tenga como objeto una mayor protección que la fórmula integrada por mujeres, con la cual se pretende alcanzar la paridad de género.

CONCLUSIÓN

La integración paritaria del Congreso local representa una finalidad constitucional de mayor peso que la representación de personas adultas mayores e indígenas en la propia legislatura, así mismo, es correcta la apreciación respecto de retirar una curul a un partido político sobrerrepresentado, para asignársela a un diverso instituto político que se encontraba subrepresentado.

Con relación al tema de ajustes en la integración de órganos legislativos, destaca un precedente en que la Sala Superior ordenó retirar la asignación de la respectiva diputación de representación proporcional a una fórmula integrada por hombres, a efecto de otorgarla a una diversa de mujeres, con lo que se consiguió que la Cámara de Diputaciones Federal quedara conformada por 250 diputadas y 250 diputados, es decir, de forma paritaria.

El ajuste fue realizado en las listas del partido con mayor subrepresentación del género femenino, específicamente en la circunscripción en la que se le realizó la última asignación, lo cual implicó retirar la asignación efectuada por el Instituto Nacional Electoral a una postulación de hombres para entregarla a la fórmula de mujeres que siguiera en orden prelación.

Lo esbozado se expone de forma sintética en la siguiente infografía.

INTEGRACIÓN PARITARIA DE LA CÁMARA DE DIPUTACIONES DEL CONGRESO DE LA UNIÓN

SUP-REC-1414/2021 Y ACUMULADOS. SALA SUPERIOR TEPJF

I. PROBLEMA JURÍDICO DEL ASUNTO

¿En qué medida se puede ajustar la asignación de escaños de representación proporcional para alcanzar la paridad de género en la Cámara de Diputaciones Federal sin afectar de forma grave el principio de autodeterminación de los partidos políticos y el derecho de las candidaturas previamente registradas?

II. SÍNTESIS DEL CASO

Producto de la votación emitida en las elecciones para diputaciones en el proceso electoral 2020-2021, el INE emitió acuerdo mediante el cual asignó diputaciones por el principio de representación proporcional, sin que se hubiera alcanzado la paridad de género en la integración de la Cámara de Diputaciones del Congreso de la Unión, ya que después de la asignación el órgano legislativo quedó integrado por 250 diputaciones encabezadas por hombres y 248 fórmulas de mujeres.

III. RESUMEN DE LA SENTENCIA ANALIZADA

Sentido:

Revocar el acuerdo del INE y modificar la asignación de diputaciones por el principio de representación proporcional para alcanzar la paridad de género.

Razones que sostienen el criterio:

1. La igualdad sustantiva impone a las autoridades del Estado Mexicano la obligación de remover los obstáculos que dificulten el pleno ejercicio de los derechos de un grupo en situación de vulnerabilidad, en este caso, de las mujeres que compiten por cargos de elección popular.

2. El INE debió realizar una interpretación del principio de paridad que beneficiara en mayor medida a las mujeres, ya que dicha máxima, debe entenderse como un mandato de optimización flexible que permite una mayor participación del género femenino que la entendida en estrictamente de forma cuantitativa (50% de cada género).

3. La autoridad administrativa nacional tenía posibilidad de armonizar los principios de paridad, alternancia entre géneros, igualdad sustantiva y no discriminación, para modificar el orden de prelación respectivo con el objetivo de dotar de efectividad el mandato que se desprende de los artículos 35, fracción II y 41, fracción I de la Constitución General de la República.

4. A efecto de garantizar la paridad de género en el caso concreto, la Sala Superior consideró necesario armonizarlo con los fundamentos de autodeterminación de los partidos políticos, el principio de mínima intervención, así como las circunstancias que rodearon el caso, como el hecho de que en el diverso expediente SUP-REC-1410/2021 y acumulados, el Pleno de ese órgano judicial, revocó las constancias de asignación de diputaciones de representación proporcional a favor del Partido Acción Nacional otorgadas a una fórmula integrada por hombres para entregarlas a diversa fórmula de mujeres del propio instituto político en la cuarta circunscripción, con lo que la integración de la Cámara quedó integrada por 251 diputaciones encabezadas por hombres y 249 de género femenino.

5. Para cumplir con el principio de paridad de género en la integración de la Cámara de Diputaciones y corregir la disparidad existente, de entre las medidas posibles debe elegirse el método que genere menor impacto en los derechos de los partidos políticos y candidaturas participantes en el proceso electoral, para lo cual deben considerarse dos elementos: El partido que tenga una mayor subrepresentación de mujeres en la asignación realizada por el instituto y las etapas del proceso de asignación.

6. En el análisis realizado, la Sala determinó que el partido que contaba con mayor subrepresentación de mujeres fue el Verde Ecologista de México, por lo que el ajuste debía recaer en alguna de las curules otorgadas a dicho instituto político.

7. Toda vez que la última diputación asignada a dicho partido tuvo lugar en la tercera circunscripción a favor de la fórmula número cuatro de la lista que estaba integrada por hombres, el órgano de justicia federal determinó que ese lugar fuera ocupado por una fórmula de mujeres, por lo que ordenó revocar las constancias de asignación expedidas en favor de los hombres referidos y entregarlas a la fórmula de mujeres que siguiera en orden de prelación en la lista registrada por el partido político en la misma circunscripción.

8. Con lo anterior, se logró que la Cámara de Diputaciones Federal, esté integrada por 250 fórmulas encabezadas por hombres y 250 integradas por mujeres.

CONCLUSIÓN

Cuando se encuentran en colisión el principio de paridad de género, frente al de autodeterminación de partidos políticos y la expectativa generada a candidatos con la asignación previa de diputaciones por el principio de representación proporcional, se debe privilegiar la integración paritaria de la legislatura, en el entendido que, para lograr ese objetivo, resulta necesario tomar una medida que tenga el menor impacto posible en los derechos de las personas contendientes lo cual debe hacerse tomando en consideración la mayor subrepresentación de mujeres entre los partidos políticos que acceden a la representación proporcional y obtuvieron diputaciones, así como la fase del procedimiento en que se encuentre la distribución de curules y con ello, determinar la medida de reparación correspondiente.

Respecto a la materia de los precedentes mencionados resulta importante mencionar que ya se encuentra considerada en la jurisprudencia de la Sala Superior, la cual establece que la aplicación de reglas de ajuste a las listas de postulaciones de representación proporcional, con el objeto de lograr la integración paritaria en órganos legislativos o municipales, está justificada cuando se traduce en el acceso de un mayor número de mujeres[17].

Lo expuesto implica, en contraste, que no es jurídicamente válido realizar ajustes o modificaciones a las asignaciones de representación proporcional que tengan como efecto privar de asignaciones a las fórmulas de mujeres para entregárselas a candidaturas conformadas por hombres, aun cuando se otorgue al género femenino una cantidad de cargos mayor al cincuenta por ciento de la totalidad del órgano respectivo.

Lo anterior se fundamenta en que las acciones de género deben interpretarse y aplicarse procurando el mayor beneficio de las mujeres, así como en el hecho de que realizar ajustes en las asignaciones de representación proporcional de manera que se redujera el número de mujeres dentro del órgano de gobierno implicaría que una medida que se implementó para su beneficio se tradujera en límite a su participación en el acceso al poder público y, por tanto, se convirtiera en una restricción injustificada de su derecho de ocupar cargos de elección popular[18].

---

17 Sala Superior, jurisprudencia 10/2021. PARIDAD DE GÉNERO. LOS AJUSTES A LAS LISTAS DE REPRESENTACIÓN PROPORCIONAL SE JUSTIFICAN, SI SE ASEGURA EL ACCESO DE UN MAYOR NÚMERO DE MUJERES. Gaceta de Jurisprudencia y Tesis en materia electoral, Tribunal Electoral del Poder Judicial de la Federación, Año 14, número 26, 2021, páginas 38 y 39.

18 Gaceta de Jurisprudencia y Tesis en materia electoral, Tribunal Electoral del Poder Judicial de la Federación, Año 14, número 26, 2021, páginas 38 y 39.

F. *Paridad en la integración de los órganos de dirección de los partidos políticos*

La Sala Superior ha desarrollado una línea jurisprudencial, en la cual ha precisado de forma enérgica que constituye una exigencia derivada de los artículos 1°, 4° y 41, Base I, párrafo segundo de la Constitución Federal, que los partidos políticos garanticen la participación de los géneros en sus órganos de dirección, así como la de promover la representación igualitaria de mujeres y hombres dentro de sus estructuras internas.[19]

Por ello, el citado órgano judicial ha determinado que, aunque la normativa interna de los partidos políticos no prevea la paridad de género o no la defina expresamente, éstos se encuentran obligados a observarla en la integración de sus órganos, por tratarse de un estándar constitucional que garantiza la participación efectiva de las mujeres.

Enseguida se exhibe una infografía de uno de los asuntos que dieron lugar a dicho criterio.

---

19 Sala Superior, jurisprudencia 20/2018. PARIDAD DE GÉNERO. LOS PARTIDOS POLÍTICOS TIENEN LA OBLIGACIÓN DE GARANTIZARLA EN LA INTEGRACIÓN DE SUS ÓRGANOS DE DIRECCIÓN. Gaceta de Jurisprudencia y Tesis en materia electoral, Tribunal Electoral del Poder Judicial de la Federación, Año 11, número 22, 2018, páginas 20 y 21.

PARIDAD DE GÉNERO EN LOS ÓRGANOS DE DIRECCIÓN INTRAPARTIDARIOS

SUP-JDC-369/2017 Y ACUMULADOS.
SALA SUPERIOR TEPJF

I. PROBLEMA JURÍDICO DEL ASUNTO

¿Los partidos políticos están obligados a integrar sus órganos directivos internos conforme al principio de paridad de género?

II. SÍNTESIS DEL CASO

Un partido político no contaba con regulación para renovar y conformar sus órganos de dirigencia interna conforme al principio de paridad de género.

III. RESUMEN DE LA SENTENCIA ANALIZADA

Sentido:

Ordenar al partido político que, en la renovación de sus órganos directivos, se garantizara la paridad de género en su integración.

Razones que sostienen el criterio:
Los partidos políticos tienen el deber de integrar sus órganos de dirección con base en el principio de paridad de género, aun cuando sus estatutos no prevean mecanismos para tal efecto.
CONCLUSIÓN:
Los partidos políticos tienen el deber de promover la participación política de las mujeres no sólo en la postulación de candidaturas, sino también, en la conformación de sus órganos de dirección interna, aun cuando sus estatutos no regulen mecanismos para tal efecto.

En la lógica expuesta, también la Sala Superior se ha pronunciado en el sentido de que el principio de paridad y los deberes derivados de dicha máxima deben cumplirse en la conformación de los órganos internos de justicia de los partidos políticos.

Lo anterior se explica con mayor detalle en la infografía que enseguida se muestra, relativa al precedente ahí precisado.

PARIDAD DE GÉNERO EN LOS ÓRGANOS DE DIRECCIÓN INTRAPARTIDARIOS

SUP-JDC-123/2019. SALA SUPERIOR TEPJF

I. PROBLEMA JURÍDICO DEL ASUNTO

¿Se debe respetar la paridad de género en la integración de un órgano interno de dirección de un partido político?

II. SÍNTESIS DEL CASO

Un partido político integró un órgano intrapartidario sin atender el principio de paridad de género.

La integración fue impugnada y, el órgano interno de justicia, resolvió confirmar la conformación del órgano intrapartidista con el argumento de que no existía obligación de respetar la paridad de género en los procesos internos de selección y designación de órganos y autoridades del partido político.

Sentido:

Revocar la determinación que confirmaba la integración, así como la propia conformación del órgano y ordenar la emisión de un nuevo acuerdo para integrar el órgano intrapartidista de forma paritaria. Puesto que en el caso concreto se trataba de un órgano cuya cantidad de integrantes era un número non, el órgano jurisdiccional indicó que en su conformación debía considerarse el número de integrantes de cada género que más se acercara a la paridad.

Razones que sostienen el criterio:

1. Los partidos políticos están obligados a respetar el principio de paridad de género también en la integración de sus órganos colegiados internos, sin importar si estos son directivos, administrativos, ejecutivos, de coadyuvancia, etc.

2. Lo anterior, porque la paridad de género es un principio constitucional que debe estar presente en el ejercicio de todos los derechos políticos, dentro del que se encuentra el de afiliación en su vertiente de integrar cargos directivos.

CONCLUSIÓN:
Los partidos políticos deben buscar la igualdad sustantiva de hombres y mujeres incluso en la integración de su organización interna.
De esa forma, cuando el órgano de que se trate esté compuesto por un número de integrantes non, deberá estar integrado por el número de mujeres que se acerque más a la paridad, mientras que, si es par, debe integrarse de forma paritaria (al menos con la mitad de mujeres).

G. *Paridad de género en la integración de las autoridades electorales*

El mandato de paridad, como ya se dijo, constituye un principio de carácter permanente que aplica en la integración de todos los poderes públicos, órganos de representación y autoridades, nombradas vía elección o mediante un acto de designación.

Esa visión amplia del principio de paridad ha llevado a la Sala Superior a determinar que las autoridades electorales también deben de estar integradas paritariamente, pues dentro de los derechos políticos de las personas está el de desempeñar funciones en los órganos de dirección de las instituciones públicas administrativas y jurisdiccionales electorales.

Al ser un derecho político y, por ende, un derecho humano, obliga a las autoridades del Estado Mexicano a respetarlo, garantizarlo y promoverlo en la forma que más favorezca a las personas, lo que implica, bajo una perspectiva de género, el deber de velar por lograr un contexto de igualdad sustantiva que permita a las mujeres acceder a los referidos cargos y erradicar la discriminación estructural que les ha impedido ejercerlo paritariamente.

En relación con lo anterior, la Sala Superior en jurisprudencia sostiene que el nombramiento de más mujeres que hombres para integrar los organismos públicos locales electorales, o inclusive la designación de la totalidad de sus integrantes del primer género enunciado, como parte de una política pública encaminada a garantizar al acceso real de las mujeres a los cargos públicos electorales, es conforme con la interpretación del principio de paridad, como un mandato de optimización flexible, en la medida que permite acelerar y maximizar el acceso real de las mujeres a tales puestos públicos, a partir de la conformación de diversas reglas de acción, encaminadas a establecer un piso y no un techo para la participación de las mujeres en igualdad de oportunidades.[20]

---

[20] Sala Superior, jurisprudencia 2/2021. PARIDAD DE GÉNERO. LA DESIGNACIÓN MAYORITARIA DE MUJERES, EN LA INTEGRACIÓN DEL CONSEJO GENERAL DE LOS ORGANISMOS PÚBLICOS ELEC-

Bajo la idea expuesta, la maximización de la igualdad sustantiva también ocurre al aplicar los estándares de la paridad de género a la integración de cualquier órgano de las autoridades electorales, entendida como un mínimo que puede ampliarse en beneficio de las mujeres, ya que ello contribuiría a lograr condiciones de igualdad sustantiva en el acceso a dichos puestos públicos y a establecer un contexto de mayores oportunidades acorde con el propósito de erradicar la discriminación de la que han sido destinatarias las mujeres en la sociedad.

TORALES MAXIMIZA LA IGUALDAD SUSTANTIVA. Gaceta de Jurisprudencia y Tesis en materia electoral, Tribunal Electoral del Poder Judicial de la Federación, Año 14, número 26, 2018, páginas 26 y 27.

Capítulo III.

COMUNIDAD LGBTIQ+

1. FUNDAMENTO CONSTITUCIONAL DE LAS MEDIDAS AFIRMATIVAS DIRIGIDAS A LAS PERSONAS DE LA COMUNIDAD LGBTIQ+

El deber de establecer medidas afirmativas a favor de las personas que conforman la comunidad de la diversidad sexo/genérica, también conocida como LGBTIQ+, tiene fundamento en el derecho a la igualdad y no discriminación tutelados por los artículo 1 y 4 de la Constitución, así como por los diversos numerales 1.1 y 24 de la Convención Americana sobre Derechos Humanos y la Convención Interamericana contra toda forma de Discriminación e Intolerancia, ratificada por México en noviembre de dos mil diecinueve.

Es decir, la implementación de dichas acciones deriva de la exigencia de un principio fundamental de nuestro estado de derecho que está vinculado con el deber que tienen las autoridades del Estado Mexicano en todos los niveles, pues están obligadas a proteger, garantizar y promover los derechos humanos.

Por su parte, el derecho a la igualdad y el principio de no discriminación están reconocidos a nivel internacional como *ius cogens*, es decir, constituyen normas imperativas en el derecho externo.

En cuanto a su contenido, el derecho y los principios de igualdad y no discriminación exigen a los entes de autoridad regular e implementar programas y políticas públicas que reconozcan las necesidades, dificultades y desventajas que viven las personas en situación de vulnerabilidad, para tomar las medidas compensatorias tendientes a combatir la discriminación indirecta y estructural que resienten quienes forman parte de esos grupos, ya que sólo de esa forma podría alcanzar una igualdad de hecho.[21]

La implementación de acciones afirmativas en materia electoral, encuentra su fundamento en los deberes que tiene las autoridades frente a los derechos humanos de las personas, pues el principio pro persona impone a los órganos estatales la obligación de implementar todas las medidas necesarias que materialicen la igualdad en el ámbito político electoral, pues debe estar exento de actos de discriminación.

Además, en la Convención Interamericana contra toda Forma de Discriminación e Intolerancia, el Estado Mexicano se comprometió a adoptar acciones afirmativas para garantizar el goce y el ejercicio de los derechos y libertades de las personas o grupos sujetos a discriminación o intolerancia, con el fin de promover condiciones equitativas de igualdad de oportunidades, inclusión y progreso para estas personas o grupos.[22]

En el referido tratado internacional, nuestro país adquirió el compromiso de asegurar que sus sistemas políticos y legales reflejen apropiadamente la diversidad en la sociedad a fin de atender las necesidades específicas de cada sector poblacional.[23]

Entonces, las autoridades del Estado Mexicano tienen la obligación de desarrollar medidas afirmativas que tengan como efecto la eliminación del contexto de desventaja en que viven las personas de los sectores sociales en situación de vulnerabilidad para lograr la igualdad material.

La obligación de adoptar medidas compensatorias para acceder a los cargos de elección popular para las personas de la comunidad LGBTIQ+ también radica en una situación de facto: los

---

21 Sentencia de la Sala Superior del Tribunal Electoral del Poder Judicial de la Federación recaída al recurso de reconsideración identificado con la clave SUP-REC-117/2021, de fecha 10 de marzo de 2021.

22 Ibid., p. 17.

23 Idem.

grupos sociales referidos son víctimas de una discriminación histórica y estructural que ha relegado a sus integrantes de los cargos públicos de elección popular.

Ello vuelve necesario el diseño e implementación de medidas compensatorias para generar condiciones en que las mencionadas personas accedan a las candidaturas y puestos en condiciones de igualdad sustantiva en comparación con la mayoría de la sociedad.

El artículo 1.1 de la Convención Americana sobre Derechos Humanos, precisa que los Estados Partes se comprometen a respetar los derechos y libertades reconocidas en ella, así como a garantizar su libre y pleno ejercicio a toda persona que esté sujeta a su jurisdicción, sin discriminación alguna por motivos de raza, color, sexo, idioma, religión, opiniones públicas o de cualquier otra índole, origen nacional o social, posición económica, nacimiento o cualquier otra condición social.

Por su parte, el Comité de Derechos Humanos de la Organización de las Naciones Unidas, ha calificado la orientación sexual, así como la identidad y la expresión de género, como una de las categorías de discriminación prohibidas por el Pacto Internacional de Derechos Civiles y Políticos. [24]

Lo anterior significa que en nuestro de bloque de constitucionalidad está proscrita la discriminación contra las personas de la comunidad LGBTIQ+ y ello entraña el reconocimiento del derecho que tienen a que las autoridades del Estado garanticen el libre y pleno desarrollo de sus derechos humanos, dentro de los que se encuentran las prerrogativas políticas.

Aun ante la existencia de la protección jurídica plasmada en las diversas disposiciones internacionales, en los hechos las personas de la comunidad de la diversidad sexual resienten en nuestra sociedad una discriminación muy acentuada y, por tanto, ello se

---

24 Ibid., p. 18.

traduce en obstáculos para acceder a sus derechos en condiciones de igualdad, lo que permea al ejercicio de los de carácter político.

Incluso, en la opinión consultiva OC-24/17 la Corte Interamericana de Derechos Humanos -párrafo 32- ha precisado que como colectivo se encuentra atravesado por diversas categorías sospechosas, por lo que, si bien no puede afirmarse que todas las personas que integran la comunidad de la diversidad sexual y de género han sufrido discriminación y han tenido dificultades para el ejercicio de sus derechos, existe una presunción razonable y objetiva de que se encuentran en situación de vulnerabilidad.[25]

Por tanto, resulta razonable e imperativo el establecimiento de cuotas a favor de las personas de la comunidad LGBTIQ+, al ser un grupo que históricamente se ha enfrentado a obstáculos de Derecho y de hecho para ejercer sus derechos en igualdad de condiciones.[26]

2. ¿CÓMO SE DEMUESTRA LA PERTENENCIA A UN GÉNERO POR UNA PERSONA PARA ACCEDER A LAS MEDIDAS AFIRMATIVAS?

La Sala Superior ha determinado que, bajo el principio de buena fe, las autoridades electorales tienen la obligación de respetar la auto adscripción de género que la persona manifieste para ser registrada en una candidatura dentro de la cuota correspondiente sin exigir mayores requisitos probatorios.[27]

---

25 Ibid., p.19.

26 Idem.

27 Sala Superior, tesis I/2019. AUTOADSCRIPCIÓN DE GÉNERO. LA MANIFESTACIÓN DE IDENTIDAD DE LA PERSONA ES SUFICIENTE PARA ACREDITARLA (LEGISLACIÓN DEL ESTADO DE OAXACA Y SIMILARES). Gaceta de Jurisprudencia y Tesis en materia electoral, Tribunal Electoral del Poder Judicial del Poder Judicial de la Federación, Año 12, Número 23, 2019, página 27 y 28.

Con base en lo anterior, bastará con la sola manifestación de la pertenencia a un género a efecto de tener por acreditada esa calidad.

Sin embargo, según el propio órgano jurisdiccional, cuando existan indicios o evidencias en el expediente que generen duda sobre la autenticidad de la auto adscripción y con la finalidad de evitar el abuso de derechos, o bien, para salvaguardar derechos de terceros, la autoridad deberá verificar que se encuentre libre de vicios, para lo cual, tiene que analizar la situación concreta a partir de los elementos que obren en el expediente, sin imponer cargas adicionales a la persona postuladas, ni generar actos de molestia en su contra o realizar diligencias que resulten discriminatorias.[28]

En relación con lo expuesto, el propio órgano de justicia constitucional ha definido que la obligación de las autoridades electorales de promover, respetar, proteger y garantizar los derechos humanos de igualdad en materia política-electoral, así como el deber de evitar un trato discriminatorio por motivos de género o preferencia sexual, no debe circunscribirse de forma exclusiva a la protección de la auto adscripción de la identidad, sino que implica también, el deber de adoptar medidas racionales y proporcionales que permitan la postulación de personas de todos los diversos géneros, como intersexuales, transexuales, transgénero o muxes, a las candidaturas que correspondan al género con el que cada persona se auto adscriba, con la finalidad de eliminar barreras estructurales de acceso a la postulación de cargos de elección popular, respecto de grupos en situación de vulnerabilidad o marginados de la vida política.[29]

---

28 Gaceta de Jurisprudencia y Tesis en materia electoral, Tribunal Electoral del Poder Judicial del Poder Judicial de la Federación, Año 12, Número 23, 2019, página 27 y 28.

29 Sala Supeior, tesis II/2019. AUTOADSCRIPCIÓN DE GÉNERO. LAS AUTORIDADES ELECTORALES DEBEN ADOPTAR MEDIDAS NECESARIAS PARA PERMITIR LA POSTULACIÓN DE PERSONAS TRANSGÉNERO A CARGOS DE ELECCIÓN POPULAR (LEGISLACIÓN DE

El mencionado criterio judicial refrenda el deber de las autoridades electorales administrativas y judiciales de desarrollar las medidas afirmativas que sean necesarias a efecto de erradicar la discriminación de que han sido víctimas las personas de la comunidad de la diversidad sexual en el ejercicio de los derechos político-electorales y, por tanto, en el acceso a las posiciones públicas de poder.

3. ACCESO DE LAS PERSONAS DE LA DIVERSIDAD SEXUAL A LAS CANDIDATURAS DE CARGOS DE ELECCIÓN POPULAR

En la tónica expuesta y con base en las exigencias que derivan de los principios constitucionales de igualdad y no discriminación, así como en el derecho que tienen las personas de la comunidad LGBTIQ+ de acceder a los cargos de elección popular, la Sala Superior también se ha pronunciado en el sentido de que las autoridades electorales deben establecer cuotas exclusivas para quienes integran los referidos grupos en las postulaciones a los cargos de elección popular.

Lo anterior, significa que deben implementarse tales medidas aún ante la falta de disposición legal al respecto, pues como ya se adelantó, la introducción de esas acciones compensatorias a favor de la mencionada comunidad desarrolla el mencionado derecho fundamental y contribuye a reducir la discriminación de que son víctimas las personas de esa colectividad en el ámbito político, lo cual justifica su emisión.

El mencionado criterio fue delineado en la sentencia recaída al recurso de reconsideración SUP-REC-117/2021 del índice de la Sala Superior del Tribunal Electoral del Poder Judicial de la Federación y se describe en la infografía que a continuación se presenta.

ESTADO DE OAXACA Y SIMILARES). Gaceta de Jurisprudencia y Tesis en materia electoral, Tribunal Electoral del Poder Judicial del Poder Judicial de la Federación, Año 12, Número 23, 2019, página 28 Y 29.

OBLIGACIÓN DE RESERVAR CANDIDATURAS EXCLUSIVAS A FAVOR DE LAS PERSONAS PERTENECIENTES A LA COMUNIDAD LGBTIQ+ PARA EL ACCESO A LOS CARGOS DE ELECCIÓN POPULAR EN LAS ACCIONES AFIRMATIVAS EMITIDAS POR LOS OPLE

I. PROBLEMA JURÍDICO DEL ASUNTO

¿Se deben establecer cuotas para la postulación de candidaturas dirigidas a la comunidad LGBTIQ+?

II. SÍNTESIS DEL CASO

Un OPLE emitió acciones afirmativas a favor de las personas LGBTIQ+, sin reservar candidaturas exclusivas para ese grupo poblacional.

III. RESUMEN DE LA SENTENCIA ANALIZADA

Sentido:

Confirmar la resolución de la Sala Regional competente, mediante la cual ordena al OPLE que emita lineamientos donde se determine la obligación de partidos políticos, para reservar candidaturas a favor de las personas parte del colectivo LGBTIQ+.

Razones que sostienen el criterio:

1.
Las personas que forman parte del colectivo LGBTIQ+ son un grupo que ha sido tradicionalmente discriminado en el acceso a la representación política.

2.
De acuerdo con la Constitución general y tratados internacionales existe obligación de implementar acciones afirmativas en materia electoral dirigidas a este sector de la poblacional para integrar a las personas que lo conforman, a los cargos de elección popular.

3.
La obligación atribuible al Estado mexicano de reservar candidaturas a favor de la comunidad LGBTIQ+, se fundamenta en el principio de igualdad y no discriminación, en aras de hacer efectiva la igualdad en materia política y electoral.

4.
Los partidos políticos son entes de interés público que tienen la obligación de garantizar el acceso a cargos públicos de personas tradicionalmente excluidas de los espacios donde se toman las decisiones, por este motivo, ordenar cuotas para garantizar candidaturas a favor de las personas LGBTIQ+, no vulnera los principios de libre determinación y auto organización de los partidos políticos.

5.
Los argumentos de índole religioso no pueden desvirtuar la obligación que tienen los partidos políticos (aunque se consideren fundamento de su ideología) y en general las autoridades mexicanas, de garantizar el cumplimiento de derechos humanos que ampara nuestra Constitución general y tratados internacionales.

CONCLUSIÓN:

Las personas que forman parte del colectivo LGBTIQ+ tienen derecho de acceder a cargos públicos en condiciones de igualdad y no discriminación, por ese motivo, los partidos políticos están obligados a reservar candidaturas a favor este grupo social tradicionalmente discriminado.

SUP-REC-117/2021. SALA SUPERIOR TEPJF

4. OPORTUNIDAD PARA LA EMISIÓN DE LAS MEDIDAS AFIRMATIVAS A FAVOR DE LAS PERSONAS LGBTIQ+

La expedición e implementación de medidas afirmativas para la postulación de personas de la comunidad LGBTIQ+ a los cargos de elección popular a renovarse en una elección, no entraña una modificación fundamental a las reglas del proceso electoral.

Lo anterior, porque se trata de medidas instrumentales, de carácter transitorio que tienen como finalidad el desarrollo de un derecho fundamental reconocido en el bloque de constitucionalidad, es decir, el acceso de todas las personas en condiciones de igualdad sustantiva a los espacios del poder público.

Por ello, su validez no está condicionada a que se emitan a más tardar noventa días antes del inicio de proceso electoral, ya que pueden diseñarse e implementarse dentro de ese lapso y aún durante el trámite del procedimiento comicial, siempre que su aplicación no sea materialmente imposible.

En esas condiciones, no vulneran el principio de certeza cuando son emitidas y ejecutadas con antelación a la conclusión de la fase de registro de candidaturas.

Las directrices mencionadas fueron fijadas por la Sala Superior del Tribunal Electoral del Poder Judicial de la Federación al resolver el medio de impugnación identificado con la clave SUP-REC-123/2022 cuya infografía se muestra enseguida.

EMISIÓN DE LINEAMIENTOS PARA REGULAR MEDIDAS AFIRMATIVAS A FAVOR DE LA COMUNIDAD LGBTIQ+ EN LA POSTULACIÓN DE CANDIDATURAS A LOS CARGOS DE ELECCIÓN POPULAR DURANTE EL DESARROLLO DEL PROCESO ELECTORAL

I. PROBLEMA JURÍDICO DEL ASUNTO

¿La emisión de lineamientos administrativos o reglas que establezcan cuotas para la postulación de candidaturas dirigidas a la comunidad LGBTIQ+ resulta una modificación fundamental en las reglas del proceso electoral?

II. SÍNTESIS DEL CASO

Una Sala Regional declaró la existencia de la omisión atribuida a un OPLE respecto de emitir cuotas a favor de las candidaturas para personas LGBTIQ+, ya que no lo hizo durante el proceso electoral que se encontraba en trámite, por lo que ordenó al instituto electoral local emitir la regulación administrativa correspondiente con el objetivo hacer efectivo el referido derecho al voto pasivo del enunciado grupo de población.

III. RESUMEN DE LA SENTENCIA ANALIZADA

Sentido:

Confirmar la resolución de la Sala Regional, mediante la cual ordenó al OPLE que emitiera lineamientos donde determinara la obligación a los partidos políticos de reservar candidaturas a cargos locales de elección popular a favor de las personas parte del colectivo LGBTIQ+.

Razones que sostienen el criterio:

1.
La citada comunidad ha sido históricamente apartada de los puestos de elección popular, por tanto, esta situación debe cambiar, por medio de la emisión de acciones transitorias y compensatorias a cargo de la autoridad electoral que tengan como efecto revertir la discriminación de la que tradicionalmente han sido objeto.

2.
Las acciones afirmativas no resultan una modificación fundamental de las reglas que deben regir el proceso electoral, por tanto, no afecta su validez el que sean promulgadas o publicadas dentro de los noventa días previos al proceso electoral ni con posterioridad a su inicio, toda vez que son transitorias e instrumentales en atención a un mandato constitucional y convencional, es decir, desarrollan un derecho fundamental reconocido a favor de las personas en el bloque de constitucionalidad del Estado Mexicano, por lo cual no afectan las normas fundamentales que estructuran el proceso electoral.

3.
Con ello tampoco se viola el principio de certeza en perjuicio de las personas que presentaron solicitudes de registro a las candidaturas, porque al momento en que la Sala Regional ordenó la implementación de acciones afirmativas, todavía se encontraba corriendo el plazo para registro de candidaturas, de modo que era posible realizar modificaciones.

CONCLUSIÓN:

Existe la obligación constitucional y convencional de emitir acciones afirmativas a favor de las personas que forman parte de la comunidad LGBTIQ+, para revertir la situación de desventaja que han sufrido.
La emisión de lineamientos administrativos por parte de los OPLE que establecen tales medidas afirmativas, no implica una modificación fundamental de las reglas del proceso electoral, sino, una medida instrumental razonable que desarrolla un derecho humano reconocido a favor de las personas en bloque de constitucionalidad.
En el caso, el momento en que se suscitó y resolvió la controversia permitía la emisión de tales acciones puesto que estaba en curso el plazo para el registro de las candidaturas relativas al proceso electoral que se encontraba en curso.

SUP-REC-123/2022. SALA SUPERIOR TEPJF

5. ACCESO DE LAS PERSONAS DE LA DIVERSIDAD SEXUAL A LOS CARGOS DE DIRECCIÓN DE LAS AUTORIDADES ELECTORALES ESTATALES

También es importante establecer que también existen algunos pronunciamientos sobre el establecimiento de medidas afirmativas en el acceso a los órganos de dirección de las autoridades electorales, en específico, de los organismos públicos locales electorales.

El avance en el desarrollo e implementación de las cuotas compensatorias a favor de las personas de la comunidad LGBTIQ+ para acceder a dichos cargos, no ha presentado todavía notables avances, como se verá a continuación.

A. *Consejerías de los institutos electorales estatales*

La Sala Superior ha determinado que el Instituto Nacional Electoral no tiene obligación de garantizar una cuota exclusiva de cargos en la integración los máximos órganos de dirección de los institutos electorales de las entidades federativas, destinada a personas no binarias y pertenecientes a la comunidad LGBTIQ+.

El tribunal sostuvo que la convocatoria del procedimiento de designación de consejerías revisado judicialmente, no excluía a las personas de la diversidad genérica y sexual, lo que permitía su participación sin discriminarlas.

Sin embargo, se consideró que no era inconstitucional ni inconvencional establecer, en futuros proceso de selección, la emisión de medidas afirmativas con las que se incluyera en los lineamientos para la integración del órgano de dirección de una autoridad administrativa electoral, la reserva de espacios destinados a personas no binarias y demás integrantes de la comunidad LGBTIQ+. Por ello, se sugirió en la sentencia al Instituto Nacional Electoral que incluyera ese tipo de acciones en posteriores procedimientos de conformación de los órganos directivos de las autoridades administrativas electorales locales. Lo anterior se muestra con mayor detalle en la infografía siguiente.

RESERVA DE ESPACIOS PARA PERSONAS NO BINARIAS EN EL ACCESO A LOS CARGOS DE CONSEJERÍAS DE LOS ORGANISMOS PÚBLICOS LOCALES ELECTORALES

I. PROBLEMA JURÍDICO DEL ASUNTO

¿La autoridad nacional electoral debe garantizar una cuota exclusiva dirigida a personas no binarias y LGBTIQ+ para la integración de las consejerías de los OPLES?

II. SÍNTESIS DEL CASO

El Instituto Nacional Electoral emitió una convocatoria para la conformación de un OPLE, sin reservar espacios exclusivos para personas no binarias o LGBTIQ+.

III. RESUMEN DE LA SENTENCIA ANALIZADA

Sentido:

1. Confirmar el acuerdo impugnado, porque no violaba el derecho de personas no binarias o LGBTIQ+ de participar en la convocatoria en condiciones de igualdad.

2. Vincular al Instituto Nacional Electoral para que en posteriores convocatorias se incluyera en el formato de inscripción respectivo, una casilla no binaria, así como un espacio para que las personas pudieran omitir manifestar a qué género pertenecen.

3. Sugerir al Instituto Nacional Electoral considerar la inclusión de cuotas de personas no binarias o LGBTIQ+ para la conformación de las consejerías de los OPLE.

Razones que sostienen el criterio:

1.
La convocatoria emitida por la autoridad electoral no era excluyente de las personas no binarias o LGBTIQ+, pues estas personas podían participar en el proceso de selección para elegir a las personas integrantes del OPLE.

2.
No es inconstitucional o inconvencional emitir lineamientos para la integración de un OPLE, en los que se prevean espacios reservados para personas no binarias o LGBTIQ+, siempre y cuando no se desequilibre la paridad de género.

CONCLUSIÓN:

Para la integración de los OPLES se tomaron en consideración aspectos técnicos ausentes de elementos de género, por lo que todas las personas que reúnan las calificaciones necesarias podían competir para su conformación.
Lo anterior no resulta excluyente para que personas no binarias o LGBTIQ+ participarán en la convocatoria respectiva.
No obstante, también es jurídicamente adecuado y posible que, en futuros procesos de selección, el Instituto Nacional Electoral reserve cuotas arcoíris para la integración de los máximos órganos de dirección de los institutos electorales locales.

SUP-JDC-1109/2021. SALA SUPERIOR TEPJF

CONCLUSIÓN:

Existe la obligación constitucional y convencional de emitir acciones afirmativas a favor de las personas que forman parte de la comunidad LGBTIQ+, para revertir la situación de desventaja que han sufrido.
La emisión de lineamientos administrativos por parte de los OPLE que establecen tales medidas afirmativas, no implica una modificación fundamental de las reglas del proceso electoral, sino, una medida instrumental razonable que desarrolla un derecho humano reconocido a favor de las personas en bloque de constitucionalidad.
En el caso, el momento en que se suscitó y resolvió la controversia permitía la emisión de tales acciones puesto que estaba en curso el plazo para el registro de las candidaturas relativas al proceso electoral que se encontraba en curso.

Asimismo, del precedente narrado en la ilustración que antecede, destaca que el tribunal federal vinculó al Instituto Nacional Electoral para que en posteriores convocatorias incluyera en el formato de inscripción, una casilla no binaria, así como un espacio para que las personas pudieran omitir manifestar a qué género pertenecen, con la intención de proteger sus datos personales y el derecho a la intimidad.

B. Presidencia de los institutos electorales estatales

También se ha cuestionado ante la Sala Superior, la emisión de convocatorias exclusivas para mujeres a efecto de renovar las presidencias organismos públicos electorales sin considerar medidas concretas para la participación de las mujeres transgénero.

En el referido tema, la autoridad judicial federal indicó que la emisión de convocatorias para ocupar la presidencia de los organismos públicos electorales dirigidas especialmente al género femenino no excluye a las mujeres transgénero porque deben interpretarse conforme a los principios de máxima protección de los derechos humanos y, en consecuencia, entenderse que en dichos procesos de selección pueden participar las mujeres transgénero.

A continuación, se expone una infografía de un asunto en que fue fijado el mencionado criterio.

INCLUSIÓN DE MUJERES TRANS EN LOS PROCESOS DE RENOVACIÓN DE LA PRESIDENCIA DE LOS OPLES

I. PROBLEMA JURÍDICO DEL ASUNTO

¿Está justificada la decisión de emitir convocatorias para presidir un OPLE exclusivas para mujeres, sin que introduzca expresamente la participación de mujeres transgénero?

II. SÍNTESIS DEL CASO

El INE emitió una convocatoria para integrar diversos OPLES, por medio de la cual dispuso que uno de ellos debía ser presidido exclusivamente por una mujer, sin especificar la posibilidad de que participaran mujeres transgénero.

III. RESUMEN DE LA SENTENCIA ANALIZADA

Sentido:

Confirmar el acuerdo impugnado porque a su juicio la convocatoria no excluía a personas de un tercer género, por tanto, sí contemplaba y permitía la participación de mujeres trans.

Razones que sostienen el criterio:

1. Si bien la convocatoria no se pronuncia expresamente sobre la postulación de mujeres trans, debe interpretarse en el sentido de que pueden participar en el proceso de selección dirigido a las mujeres, pues de lo contrario resultaría discriminatorio para tales personas.

2. La convocatoria es respetuosa con el derecho de identidad de género y garantiza la participación de personas trans y de género diverso porque no las excluye.

CONCLUSIÓN

El acuerdo impugnado debe interpretarse en el sentido de contemplar la participación de mujeres trans, en la convocatoria dirigida exclusivamente a mujeres para presidir el OPLE.

SUP-JDC-74/2022 y ACUMULADOS. SALA SUPERIOR TEPJF

6. ACCESO DE LAS PERSONAS DE LA DIVERSIDAD SEXUAL A LOS ORGANISMOS DESCONCENTRADOS DE LOS INSTITUTOS ELECTORALES DE LAS ENTIDADES FEDERATIVAS

En el ámbito de la función pública electoral local, los tribunales electorales han emitido criterios en cuya ejecución se han desarrollado medidas afirmativas a efecto de proteger el derecho a la identidad de género de las personas no binarias y de la comunidad LGBTIQ+ en los procedimientos de selección de órganos electorales distritales y municipales, así como acciones compensatorias en las que se fijan cuotas para que las personas pertenecientes a grupos vulnerables (personas de la tercera edad, indígenas, LGBTIQ+ o con alguna discapacidad, entre otras) cuenten con espacios en la integración de esos organismos desconcentrados.

Las mencionadas acciones afirmativas consisten en que los organismos públicos electorales locales deben colocar un casillero no binario en los formatos de inscripción a los mencionados procesos de selección con el propósito de que las personas que no se identifiquen como mujer u hombre, no se vean forzados a seleccionar uno de esos géneros en el procedimiento respectivo.

Por otra parte, también se ha fijado el criterio de que los organismos electorales locales (aún ante la ausencia de mandato legal) están obligados a reservar espacios en la integración de las autoridades electorales distritales o municipales para que sean ocupados de forma exclusiva por personas pertenecientes a grupos en situación de desventaja (personas de la tercera edad, indígenas, LGBTIQ+ o con alguna discapacidad, entre otras).

Las mencionadas medidas compensatorias, sin duda, contribuyen a que las personas de los mencionados grupos poblaciones no vean alterada su identidad de género dentro de los referidos procedimientos e imponen condiciones para que las personas de la diversidad sexual accedan a la función electoral.

A continuación, se muestra una infografía que explica de forma breve el contenido esencial de una sentencia de la Sala Superior, en que fueron adoptados ese tipo de criterios y confirmó la orden dirigida por una Sala Regional a la autoridad administrativa electoral correspondiente de desarrollar a cabo las mencionadas acciones.

MEDIDAS AFIRMATIVAS A FAVOR DE GRUPOS VULNERABLES EN LA INTEGRACIÓN DE LOS CONSEJOS DISTRITALES Y MUNICIPALES DE UN ORGANISMO PÚBLICO ELECTORAL LOCAL

I. PROBLEMA JURÍDICO DEL ASUNTO

¿En los formularios del OPLE para el registro de aspirantes a cargos de consejerías distritales y municipales de un organismo público local electoral, debe existir un casillero no binario?

¿Establecer cuotas en favor de personas que forman parte de grupos vulnerables para integrar consejos distritales y municipales atenta contra el principio de paridad de género?

II. SÍNTESIS DEL CASO

Una Sala Regional declaró la existencia de la omisión de un OPLE respecto de la emisión de formatos no binarios, así como cuotas en favor de grupos vulnerables (personas de la tercera edad, con discapacidad, LGBTIQ+ e indígenas) para la integración de consejos distritales y municipales. En consecuencia, el órgano jurisdiccional ordenó a la autoridad administrativa de la entidad federativa que emitiera los referidos formatos e implementará cuotas exclusivas para las personas binarias y de la comunidad LGBTIQ+.

III. RESUMEN DE LA SENTENCIA ANALIZADA

Sentido:

Confirmar la resolución de la Sala Regional, mediante la cual ordena al OPLE que emita formatos en los que prevea un casillero no binario, así como establecer medidas afirmativas para la asignación de cuotas en favor de personas que formen parte de grupos vulnerables, en aras de la integración de consejos distritales y municipales.

Razones que sostienen el criterio:

1. La existencia de un casillero no binario en los formatos del Instituto local es necesaria para respetar el derecho a la identidad sexual y libertad de autoadscripción de género de las personas, pues la imposición de elegir entre dos géneros atenta contra el derecho al libre desarrollo de la personalidad.

2. Una cuota del 10% dirigida a grupos vulnerables como medida afirmativa para integrar consejos distritales y municipales del OPLE no atenta contra el principio de paridad de género, pues se conserva la paridad sobre el 90% del total de espacios y además se aminora la discriminación y exclusión de personas que forman parte de este sector de la población.

CONCLUSIÓN:

Establecer una casilla en los formatos respectivos del OPLE para la inscripción de personas no binarias al procedimiento de integración de las consejerías distritales y municipales de un instituto electoral, es una obligación que deviene de la Constitución y los tratados internacionales. Además, reservar un 10% de espacios a grupos vulnerables para el acceso a consejos distritales y municipales no atenta contra el principio de paridad de género.

SUP-REC-277/2020 Y ACUMULADOS. SALA SUPERIOR TEPJF

7. ACCESO DE LAS PERSONAS DE LA DIVERSIDAD SEXUAL A LOS CARGOS DE SUPERVISIÓN Y CAPACITACIÓN ELECTORAL

Otro tema de relevancia con la implementación de las medidas afirmativas a favor de la comunidad LGBTIQ+ surgió cuando la Sala Superior resolvió una impugnación en la que se reclamaba el establecimiento de cuotas exclusivas para las personas de dicho grupo en cargos de supervisión y capacitación electoral, ya que la autoridad administrativa electoral había previsto que a los participantes de ese colectivo les sería otorgado un punto extra de calificación como medida compensatoria que les concedió mayores posibilidades de acceso a las mencionadas funciones electoral.

Lo interesante del mencionado criterio radica en que la autoridad judicial reconoció que el establecimiento de cuotas no es la única medida afirmativa que puede implementarse y, relacionado con ello, que el instituto electoral tiene la atribución de desarrollar su facultad reglamentaria con libertad a efecto de definir qué acción afirmativa implementará con el propósito de generar que las personas LGBTIQ+ en el acceso a los diversos cargos de la función electoral.

RESERVA DE ESPACIOS PARA PERSONAS LGBTIQ+ EN CARGOS DE SUPERVISIÓN Y CAPACITACIÓN ELECTORAL DEL INSTITUTO NACIONAL ELECTORAL

I. PROBLEMA JURÍDICO DEL ASUNTO

¿Las personas LGBTIQ+ deben tener un porcentaje de espacios reservados para colaborar con el INE como supervisores y capacitadores electorales?

II. SÍNTESIS DEL CASO

El Instituto Nacional Electoral emitió una convocatoria para ocupar cargos de supervisores y capacitadores electorales, en la cual determinó como medida compensatoria dirigida a las personas LGBTIQ+, otorgar un punto adicional a las personas participantes que formarán parte de este grupo, siempre que aprobaran el examen correspondiente.

III. RESUMEN DE LA SENTENCIA ANALIZADA

Sentido:

Confirmar la resolución de la Sala Regional, mediante la cual ordena al OPLE que emita formatos en los que prevea un casillero no binario, así como establecer medidas afirmativas para la asignación de cuotas en favor de personas que formen parte de grupos vulnerables, en aras de la integración de consejos distritales y municipales.

Razones que sostienen el criterio:

1. No hay evidencia de que la medida compensatoria a favor del colectivo LGBTIQ+ sea insuficiente para garantizar la igualdad y no discriminación de este grupo.

2. Tampoco está demostrado que reservar un porcentaje de los espacios a designar, para personas pertenecientes al grupo LGBTIQ+, sea una medida más efectiva.

3. El INE goza de autonomía para determinar en qué medida se deben emitir acciones afirmativas, en los procesos de contratación para capacitadores y supervisores electorales, pues no existe regulación para exigir acciones compensatorias específicas.

CONCLUSIÓN:

El INE goza de autonomía en sus procesos de contratación, por lo que las estrategias para garantizar la participación de personas del colectivo LGBTIQ+ en las convocatorias que emita están dentro de su ámbito de autonomía.

De esa forma, en principio, el INE tiene la atribución para determinar qué medidas afirmativas implementar en los procesos de contratación que lleve a cabo a efecto de integrar en los cargos públicos de la institución, a los grupos históricamente excluidos del acceso a la función electoral.

SUP-JDC-1274/2021. SALA SUPERIOR TEPJF

Capítulo IV.
PERSONAS CON DISCAPACIDAD

1. FUNDAMENTOS JURÍDICOS PARA IMPLEMENTACIÓN DE ACCIONES AFIRMATIVAS A FAVOR DE LAS PERSONAS CON DISCAPACIDAD

En primer lugar, resulta importante reiterar que el principio de igualdad material y no discriminación previstos en los artículos 1º, 4º y 41 de la Constitución Federal exigen el desarrollo de acciones para erradicar la desventaja de que son víctimas los grupos vulnerables existentes en la sociedad, dentro de los que se ubican las personas con discapacidad.

Por su parte, la implementación de medidas compensatorias destinadas a dichos sectores en materia electoral, tiene su fundamento en el reconocimiento del derecho a contar con igualdad en el ejercicio de los derechos políticos y en el acceso a las funciones públicas del país, establecidos en los artículos 1.1, 23.1 y 24 de la Convención Americana sobre Derechos Humanos.

Los referidos principios establecen a las autoridades del Estado Mexicano la obligación de respetar, proteger, garantizar y promover los derechos humanos de todas las personas en el ámbito de sus atribuciones, sin discriminación alguna.

Por otra parte, al suscribir la Convención de las Naciones Unidas sobre los derechos de las personas con discapacidad las personas, los Estados Parte (entre los que se encuentra México) asumieron el compromiso de proteger y asegurar el goce pleno y en condiciones de igualdad todos los derechos humanos y libertades fundamentales a todas las personas con discapacidad, así como el deber de promover el respeto a su dignidad.

Ahora bien, es un hecho notorio que las personas con discapacidad son víctimas de una discriminación histórica y estructural que las han relegado prácticamente de todas las posiciones de poder y los cargos públicos, lo cual genera en la mayoría de los casos pobreza e invisibilización, por ende, condiciones de vida adversas que requieren ser atendidas de forma urgente.

Es evidente la poca presencia de personas discapacitadas en los órganos de representación emanados del voto popular, por lo que, en materia política son un grupo desaventajado que necesita de la emisión e implementación de medidas compensatorias para que las referidas ciudadanas y ciudadanos accedan cada vez en mayor cantidad y de forma más frecuente, a los cargos públicos de elección popular.

Ello también permitirá que sus necesidades y puntos de vista sean llevados a los principales órganos deliberativos del Estado, lo que abre la posibilidad de que, al ser visibilizadas dichas cuestiones en las mencionadas sedes, se desarrollen políticas públicas con el propósito de atender sus necesidades específicas.

Entonces, la obligación que las autoridades del Estado Mexicano de tutelar los derechos humanos en condiciones de igualdad sustantiva de todas las personas así como la grave situación de vulnerabilidad en que se ubican en nuestra sociedad quienes cuentan con discapacidad, justifican el desarrollo y ejecución de medidas afirmativas dirigidas a ellas para lograr mejores condiciones en el ejercicio de sus derechos políticos y erradicar la discriminación en el acceso a los cargos de representación.

2. DERECHO A LA CONSULTA DE LAS PERSONAS CON DISCAPACIDAD

En la Convención sobre los Derechos de las Personas con Discapacidad, se establece el derecho a la consulta previa en la elaboración y aplicación de la legislación y políticas que se lleven a cabo para hacer efectivo el mencionado tratado internacional.

El referido deber está previsto en el artículo 4.3 del referido instrumento internacional, en los términos que se exponen a continuación:

> **Artículo 4. Obligaciones Generales.**
>
> (...)
>
> 3. En la elaboración y aplicación de legislación y políticas para hacer efectiva la presente Convención, y en otros procesos de adopción de decisiones sobre cuestiones relacionadas con las personas con discapacidad, los Estados Partes celebrarán consultas estrechas y colaborarán activamente con las personas con discapacidad, incluidos los niños y las niñas con discapacidad, a través de las organizaciones que las representan.

Ello significa que cualquier legislación o acción de Estado que incida en la esfera jurídica de las personas con discapacidad debe ser consultada a las mencionadas personas, mediante un proceso estrecho y de colaboración en que aquellas participen activamente, incluidas niñas y niños con discapacidad, a través de las organizaciones que las representen.

Lo anterior, porque en la emisión de acciones afirmativas destinadas a dicho sector poblacional debe realizarse la mencionada consulta de forma previa a su aprobación e implementación.

Al respecto, es importante precisar que, de los propios términos del tratado internacional, puede interpretarse que la ausencia del ejercicio consultivo no genera en automático la invalidez de las medidas afirmativas.

Lo expuesto, porque el instrumento plurinacional precisa en su artículo 4.4 que nada de lo dispuesto ahí afectará a las disposiciones que puedan facilitar, en mayor medida, el ejercicio de los derechos de las personas con discapacidad, aunado a que no se restringirán ni derogarán ninguno de los derechos humanos y las libertades fundamentales reconocidas o existentes en los Estados Partes, en la propia Convención, los reglamentos o la costumbre, con el pretexto de que en el tratado que se analiza, no se reconocen esos derechos o el reconocimiento se hace en menor medida. La mencionada disposición es la siguiente:

> **Artículo 4. Obligaciones Generales.**
>
> (...)
>
> 4. Nada de lo dispuesto en la presente Convención afectará a las disposiciones que puedan facilitar, en mayor medida, el ejercicio de los derechos de las personas con discapacidad y que puedan figurar en la legislación de un Estado Parte o en el derecho internacional en vigor en dicho Estado. No se restringirán ni derogarán ninguno de los derechos humanos y las libertades fundamentales reconocidos o existentes en los Estados Partes en la presente Convención de conformidad con la ley, las convenciones y los convenios, los reglamentos o la costumbre con el pretexto de que en la presente Convención no se reconocen esos derechos o libertades o se reconocen en menor medida.

Entonces, desde el punto de vista de este ejercicio académico, la emisión de una medida afirmativa en el curso de un proceso electoral que tenga como finalidad la protección de los derechos políticos de las personas con discapacidad o el establecimiento de medidas para facilitar su acceso a los cargos de elección popular, podría ser válido incluso sin la emisión de la consulta previa.

Lo anterior, porque el incumplimiento de ese procedimiento ante la situación de emergencia que derivaría de la ausencia de acciones compensatorias en la ley o al resultar éstas insuficientes, frente a la emisión de medidas administrativas que mejoren las condiciones de ejercicio de los derechos políticos, no puede tener como resultado la invalidez de las políticas de mejora emprendidas, pues en tal escenario el desapego al procedimiento de consulta señalado por el tratado no puede tener como resultado la pérdida de derechos, máxime que las medidas afirmativas son de carácter temporal y podrán mejorarse con posterioridad.

3. PERSONAS CON DISCAPACIDAD QUE PUEDEN SER BENEFICIARIAS DE LAS MEDIDAS AFIRMATIVAS

En la sociedad existen personas con diversos tipos de discapacidades por lo que resulta necesario definir cuáles son las personas que pueden acceder a las medidas afirmativas destinadas a ese grupo poblacional.

Para ello, debe partirse de que el objetivo de esas acciones es lograr la igualdad material mediante la implementación de acciones que contribuyan a erradicar estados de discriminación históricos y sistemáticos.

Por tanto, quienes deben gozar de esas medidas son las personas que cuya discapacidad les otorga una desventaja real en el ejercicio de sus derechos, es decir, quienes están en una situación en que son mermados, restringidos u obstruidos por situaciones discriminatorias.

Es necesario el cumplimiento de ese estándar para que las mencionadas personas no se vean desplazadas del acceso a las acciones compensatorias, por quienes cuentan con alguna discapacidad menor o temporal que realmente no les genera una situación de desventaja o vulnerabilidad con relación al resto de la sociedad.

La Sala Superior ha definido que las medidas afirmativas para el acceso a los cargos de elección postular deben destinarse a las personas que cuentan con una discapacidad permanente porque presentan un mayor estado de vulnerabilidad respecto a quienes tienen alguna discapacidad temporal.

Dicho razonamiento se basó en que las primeramente mencionadas enfrentan barreras constantes en el ejercicio de su derecho a participar en contiendas electorales.

La referida situación vuelve necesaria la exigencia de un certificado médico de discapacidad permanente para acceder a las candidaturas reservadas a personas con discapacidad, pues la intención de la medida es que dichas personas sean quienes las ocupen para que cuentan con mayores garantías en el ejercicio de sus derechos político-electorales, pues además son las que mejor pueden entender la vulnerabilidad en que se encuentran.

El mencionado criterio judicial obra descrito sintéticamente en la infografía que se muestra a continuación.

PERSONAS CON DISCAPACIDAD
A LAS QUE DEBEN DESTINARSE LAS MEDIDAS AFIRMATIVAS EN MATERIA ELECTORAL

SUP-REC-584/2021 Y ACUMULADOS. SALA SUPERIOR TEPJF

I. PROBLEMA JURÍDICO DEL ASUNTO

¿Se debe establecer como requisito un certificado médico de discapacidad permanente para acceder a la cuota de candidaturas reservadas a personas con discapacidad?

II. SÍNTESIS DEL CASO

Una Sala Regional eliminó el requisito impuesto por un OPLE respecto de presentar un certificado médico de discapacidad permanente, para acceder a las candidaturas reservadas a ese grupo vulnerable.

III. RESUMEN DE LA SENTENCIA ANALIZADA

Sentido:

Revocar la resolución de la Sala Regional, pues el requisito impuesto por el OPLE es necesario para distinguir entre personas con discapacidad temporal, así como permanente, lo cual resulta necesario porque estas son más vulnerables y, en consecuencia, a ellas deben dirigirse las medidas afirmativas para el acceso a los cargos de elección popular.

Razones que sostienen el criterio:

1. Quienes tienen derecho a ser favorecidos con acciones afirmativas en materia electoral, son las personas que tienen una discapacidad permanente, pues dicha afección es a largo plazo, por lo que son un grupo vulnerable que enfrenta barreras constantes en el ejercicio de su derecho a participar en contiendas electorales en igualdad de condiciones.

2. No es discriminatorio exigir como requisito un certificado médico de discapacidad permanente para acceder a candidaturas reservadas para personas con discapacidad, pues precisamente la medida afirmativa busca dotar de mayores garantías a este grupo en situación de vulnerabilidad.

3. Es idónea y razonable la referida exigencia, ya que busca la representación efectiva de personas con discapacidad permanente, por medio de una persona que comprenda la situación de vulnerabilidad a la que están sujetas las personas que forman dicho sector.

4. Además, permitir que el referido requisito de acceso a las postulaciones destinadas a la medida afirmativa pueda cumplirse con algún otro elemento para acreditar la discapacidad permanente, deja al arbitrio del titular del derecho elegir cómo demostrar esta situación de vulnerabilidad.

5. El mencionado requisito de accesibilidad no vulnera la privacidad de las personas, porque son ellas quienes deciden participar en las candidaturas reservadas para personas con discapacidad y proporcionar voluntariamente sus datos. Aunado a lo anterior, la exhibición del documento para el trámite del registro no permite evidenciar públicamente el tipo de discapacidad que tiene la persona aspirante, pues las autoridades electorales deben proteger ese dato frente al público en general porque es información que forma parte de la esfera íntima de las personas.

En esa lógica, lo único que podría darse a conocer es que determinada persona cuenta con una discapacidad permanente -sin precisar en qué consiste- y que, por tanto, aspira a una candidatura de las reservadas a dicho sector social.

CONCLUSIÓN

Resulta conforme a la Constitución General y los tratados internacionales, que los OPLES soliciten un certificado de discapacidad permanente como condición para permitir la participación de una persona como candidata en espacios reservados a las personas con discapacidad.

4. OBLIGACIÓN DEL LEGISLADOR DE IMPLEMENTAR EN LAS NORMAS ORDINARIAS ACCIONES AFIRMATIVAS PARA LAS PERSONAS CON DISCAPACIDAD, EN MATERIA ELECTORAL

Las autoridades del Estado Mexicano están obligadas por los principios de igualdad material y pro persona, a tutelar de forma efectiva los derechos políticos de las personas con discapacidad con la finalidad de erradicar la discriminación que viven en el acceso a los cargos de elección popular. Dicho deber también deriva de los tratados internacionales suscritos por México, tales como la Convención sobre los Derechos de las Personas con Discapacidad.

Por tanto, la Sala Superior ha determinado que esas obligaciones imponen a los Congresos de las entidades federativas el deber de establecer normas en que se implementen medidas afirmativas consistentes, entre otras acciones, en la instauración de cuotas de candidaturas a los cargos de elección popular que ocupen de forma exclusiva personas con discapacidad con la intención de garantizar que accedan a dichos puestos y mejorar las condiciones de participación en que ejercen sus derechos político-electorales.

Al no preverse esas cuestiones en las legislaciones ordinarias, los Poderes Legislativos incurren en una omisión legislativa que debe ser corregida de inmediato.

Por ello, al suscitarse tal escenario en el caso que se analiza en la infografía inserta enseguida, en la resolución recaída al medio de impugnación ahí precisado, el mencionado órgano jurisdiccional instruyó a un Congreso Estatal que legislara medidas afirmativas para que las personas con discapacidad llegaran a los órganos de representación.

Asimismo, bajo la consideración de que la implementación de las referidas acciones compensatorias constituye una obligación de todos los agentes del Estado Mexicano, el mencionado tribunal vinculó al organismo público local electoral de la entidad federativa para que en uso de su facultad reglamentaria introdujera para el próximo proceso electoral, medidas afirmativas a favor de las personas con discapacidad en caso que el Congreso no llevara a cabo las reformas legales para ello de forma oportuna.

En el caso referido, en cumplimiento a las obligaciones internacionales adquiridas, la Sala Superior también indicó a las mencionadas autoridades que previo a la emisión de las referidas medidas, celebraran una consulta estrecha y colaborativa dirigida a las personas con discapacidad a través de las personas que las representen.

OMISIÓN LEGISLATIVA DE REGULAR ACCIONES AFIRMATIVAS PARA RESERVAR CANDIDATURAS A CARGOS DE ELECCIÓN POPULAR A FAVOR DE PERSONAS CON DISCAPACIDAD

SUP-JDC-1282/2019. SALA SUPERIOR TEPJF

I. PROBLEMA JURÍDICO DEL ASUNTO

¿Los Congresos Locales tienen obligación de legislar acciones afirmativas tendientes a reservar candidaturas para personas con discapacidad?

II. SÍNTESIS DEL CASO

Un Tribunal local resolvió que el Congreso del Estado no había incurrido en omisión legislativa, por no haber regulado específicamente candidaturas reservadas para personas con discapacidad como acción afirmativa.

SENTIDO

Revocó la sentencia del Tribunal del Estado y vinculó al Congreso local para que legislara en la materia de impugnación, además, vinculó al instituto electoral local para que regulara las medidas afirmativas para la postulación de candidaturas a favor de las personas con discapacidad en caso de que el órgano legislativo no emitiera las normas legales correspondientes. Vinculó a las autoridades, es decir, tanto el Poder Legislativo como el organismo público local electoral, debían hacer efectivo el derecho de consulta del grupo social que esperaban favorecer con las medidas afirmativas, de forma previa a la emisión de tales acciones.

RAZONES QUE SOSTIENEN EL CRITERIO

1. El Estado mexicano está obligado a garantizar la participación política de personas con discapacidad de manera efectiva en un plano de igualdad y no discriminación por medio de la legislación, debido a que es parte de diversos tratados internacionales que establecen el referido deber.

2. El Congreso local debe regular cuotas reservadas a la postulación de candidaturas para personas con discapacidad para garantizar su acceso a la participación política en los cargos locales de elección popular, ya que históricamente han sido excluidos de su acceso.

3. El organismo público electoral debe implementar las medidas afirmativas a favor de las personas con discapacidad en uso de su facultad reglamentaria, mediante la emisión de lineamientos, en caso de que el Congreso no las expida de forma oportuna, ya que es obligación de todas las autoridades del Estado Mexicano, en el ámbito de sus competencias, tutelar los derechos humanos de todas las personas, dentro de los que se encuentran la prerrogativa al sufragio pasivo de quienes viven con alguna discapacidad.

CONCLUSIÓN

Para que las personas con discapacidad ejerzan sus derechos políticos en igualdad de condiciones con las demás personas, las legislaturas deben regular acciones afirmativas donde se prevean las candidaturas reservadas a favor de estas personas.

En caso de que los órganos legislativos no las expidan, los organismos electorales locales tienen la obligación de implementarlas mediante la emisión de lineamientos en uso de su facultad reglamentaria, ya que tienen a su cargo la obligación de garantizar y proteger los derechos políticos de todas las personas.

5. OBLIGACIÓN DE LAS AUTORIDADES ADMINSTRATIVAS ELECTORALES DE IMPLEMENTAR ACCIONES AFIRMATIVAS A FAVOR DE LAS PERSONAS CON DISCAPACIDAD

En la tónica expuesta destaca otro criterio emitido por la Sala Superior del Tribunal Electoral del Poder Judicial de la Federación en que ordenó al Instituto Nacional Electoral diseñar e implementar medidas afirmativas destinadas a las acciones de discapacidad consistentes en establecer su participación exclusiva en determinado número de candidaturas a diputaciones federales.

La trascendencia del mencionado precedente radica en que su contenido aclara que las autoridades administrativas electorales están obligadas a desarrollar acciones para que las personas con discapacidad sean postuladas y accedan a los cargos de elección popular, ya que ese deber deriva de diversas disposiciones del bloque de constitucionalidad.

En consecuencia, ante la falta de disposiciones legales que establezcan las mencionadas medidas compensatorias, los institutos electorales deben implementar y regular ese tipo de acciones para que las personas con discapacidad cuenten con condiciones que les permiten ocupar cargos públicos de elección en condiciones de igualdad sustantiva y sin discriminación.

A continuación, se inserta una infografía de la sentencia en que la Sala Superior fijó el criterio reseñado, a efecto de ilustrar lo sucedido en el caso.

IMPLEMENTACIÓN DE ACCIONES AFIRMATIVAS PARA PERSONAS CON DISCAPACIDAD

SUP-RAP-121/2020 Y ACUMULADOS. SALA SUPERIOR TEPJF

I. PROBLEMA JURÍDICO DEL ASUNTO

¿Se deben implementar acciones afirmativas consistentes en cuotas de candidaturas reservadas para personas con discapacidad en el acceso a las diputaciones federales?

II. SÍNTESIS DEL CASO

El Instituto Nacional Electoral emitió un acuerdo mediante el cual determinó diversas acciones afirmativas para la postulación de grupos desaventajados a las diputaciones federales, en las que no contempló a personas con discapacidad.

III. RESUMEN DE LA SENTENCIA ANALIZADA

Sentido:
Modificar el acuerdo impugnado, para que el INE emitiera acciones afirmativas a favor de las personas con discapacidad.

Razones que sostienen el criterio:

1.
El hecho de que las leyes mexicanas no regulen un sistema de cuotas en materia de participación política para personas con discapacidad, no quiere decir que no exista obligación de desarrollar medidas para su postulación y acceso a los cargos de elección popular, pues el deber de desarrollar esas acciones deviene de tratados internacionales de los que México es parte.

2.
Las personas con discapacidad sufren de discriminación y desigualdad, estas desventajas se hacen operativas también en su derecho de participación política, por eso las autoridades deben emitir acciones afirmativas para fortalecer su derecho de acceder a cargos públicos.

CONCLUSIÓN:

Las personas que forman parte del colectivo LGBTIQ+ tienen derecho de acceder a cargos públicos en condiciones de igualdad y no discriminación, por ese motivo, los partidos políticos están obligados a reservar candidaturas a favor este grupo social tradicionalmente discriminado.

6. PARIDAD EN EL ACATAMIENTO DE LAS ACCIONES AFIRMATIVAS DESTINADAS A LAS PERSONAS CON DISCAPACIDAD

La existencia de cuotas para diversos grupos en las postulaciones a los cargos de elección ha comenzado a suscitar cada vez más debates jurídicos en la forma en que deben aplicarse las normas que las establecen.

Una de esas situaciones tuvo lugar en una controversia cuya materia versó sobre si era válido que un partido político asignara de forma exclusiva a fórmulas integradas por personas de género femenino con discapacidad, las candidaturas reservadas para personas discapacitadas.

Si bien el instrumento normativo que establecía las mencionadas medidas afirmativas preveía que los referidos lugares fueran repartidos de forma paritaria, según la Sala Superior, ello no debía entenderse como una obligación de postular la mitad de hombres, sino como un piso mínimo que vinculaba a otorgar al menos una de esas candidaturas a una fórmula femenina, sin que ello impidiera que se concedieran ambas postulaciones a ellas, ya que las acciones de paridad tienen como objetivo el beneficio de este grupo, al tratar de compensar a la discriminación histórica y estructural que han sufrido en el acceso a los cargos públicos, por lo que conceder la totalidad de los espacios reservados a personas con discapacidad a mujeres que contaran con esa condición, resultaba conforme con el principio de igualdad material.

El mencionado criterio consta en la sentencia sintetizada en la ilustración que enseguida se inserta.

PARIDAD EN ACCIONES AFIRMATIVAS DIRIGIDAS A PERSONAS CON DISCAPACIDAD

SUP-JDC-282/2021. SALA SUPERIOR TEPJF

I. PROBLEMA JURÍDICO DEL ASUNTO

¿Las acciones afirmativas que se planteen para favorecer la postulación de candidaturas de personas con discapacidad deben asegurar la paridad a favor de los hombres? ¿Los partidos políticos pueden elegir libremente en qué circunscripciones plurinominales electorales cumplir con la cuota de postulaciones para personas con discapacidad en acatamiento de acciones afirmativas?

II. SÍNTESIS DEL CASO

El órgano de justicia interna de un partido político emitió una resolución en que confirmó un acuerdo de diverso órgano en que determinó postular, exclusivamente a personas de sexo femenino, como candidatas a diputadas federales por el principio de representación proporcional, en los espacios reservados a personas con discapacidad. Ello fue realizado en acatamiento a medidas afirmativas que establecían la obligación de postular dos fórmulas integradas por personas con discapacidad de manera paritaria en las listas de representación proporcional.

III. RESUMEN DE LA SENTENCIA ANALIZADA

Sentido:

Confirmar la determinación del partido político.

Razones que sostienen el criterio:

1. El principio de paridad de género opera a favor de las mujeres, toda vez que son los hombres quiénes tradicionalmente ocuparon la mayoría de candidaturas para diputaciones plurinominales.

2. Las medidas afirmativas tendientes a garantizar la paridad de género deben considerarse como pisos mínimos, sin que sea impedimento que el partido político correspondiente supere esa expectativa mínima.

3. Los partidos políticos pueden elegir en qué circunscripciones postular a personas con discapacidad, en cumplimiento a medidas afirmativas para tal efecto, cuando éstas no establecen alguna cuestión respecto a la forma en que deben distribuir las postulaciones objeto de la acción compensatoria, pues tal decisión forma parte de su derecho a la autodeterminación.

CONCLUSIÓN

Resulta conforme a la Constitución General y los tratados internacionales, que los OPLES soliciten un certificado de discapacidad permanente como condición para permitir la participación de una persona como candidata en espacios reservados a las personas con discapacidad.

Este precedente también resulta de importancia porque en la sentencia respectiva la Sala Superior precisó que las fórmulas que se destinen al acatamiento de las medidas afirmativas dirigidas a las personas con discapacidad, podrían ser colocadas por el partido político correspondiente en cualquier circunscripción electoral ante la ausencia de un mandato expreso que obligara a acomodarlas en demarcaciones específicas.

7. PROTECCIÓN DE LA PRIVACIDAD Y DATOS SENSIBLES DE LAS PERSONAS CON DISCAPACIDAD QUE ACCEDEN A LAS MEDIDAS AFIRMATIVAS

La discapacidad con que cuenta cada persona constituye un dato sensible que no puede ser dado a conocer públicamente a terceras personas (salvo que exista consentimiento de la persona titular) aunque se inscriba por una candidatura a determinado cargo con la intención de utilizar una acción afirmativa.

En relación con ese tema, cabe decir que durante el proceso electoral federal 2020-2021 el Instituto Nacional Electoral registró las candidaturas para diputaciones de representación proporcional en acciones afirmativas para personas con alguna discapacidad y, en el acuerdo correspondiente, aparecieron testados algunos datos de las personas candidatas.[30]

El mencionado acuerdo fue controvertido en relación a la protección de datos realizada por la autoridad administrativa electoral, pero al resolver el asunto la Sala Superior validó la acción del instituto nacional electoral porque estimó que fue apta para proteger derechos como la intimidad y el libre desarrollo de la personalidad de las personas registradas.

---

30 DE LA MATA Pizaña, Felipe y RODRÍGUEZ Mondragón, Reyes, "*PROCESOS ELECTORALES 2020-2021. 100 Infografías sobre sentencias del Tribunal Electoral del Poder Judicial de la Federación*". Ciudad de México, México, Tribunal Electoral del Poder Judicial de la Federación, 2021, p. 31.

Lo anterior, porque los datos los datos objeto de protección permitían vincular a las personas que ocuparon las candidaturas con su discapacidad ya que pertenecen a una categoría sospechosa y a un grupo vulnerable, lo que exigía no darles publicidad.[31]

Por otra parte, en otro precedente, el propio órgano judicial en la sentencia recaída al expediente estimó que el requisito consistente en la exhibición de un certificado médico de incapacidad permanente, para acceder a las medidas afirmativas dirigidas a las personas con discapacidad, no vulnera la privacidad de las personas, porque son ellas quienes deciden participar en las candidaturas reservadas para personas con discapacidad y proporcionar voluntariamente sus datos.[32]

De esa forma, la exhibición de la mencionada constancia para el trámite del registro no evidencia públicamente el tipo de discapacidad que tiene la persona aspirante, pues las autoridades electorales deben proteger ese dato frente al público en general porque es información que forma parte de la esfera íntima de las personas.

En esa lógica, lo único que podría darse a conocer es que determinada persona cuenta con una discapacidad permanente -sin precisar en qué consiste- y que, por tanto, aspira a una candidatura de las reservadas a dicho sector social.

---

31 Idem.

32 Sentencia de la Sala Superior del Tribunal Electoral del Poder Judicial de la Federación, recaída al juicio para la protección de los derechos político-electorales del ciudadano, identificado con la clave SUP-JDC-584/2021, de fecha cinco de junio de dos mil veintiuno.

Capítulo V.

PUEBLOS ORIGINARIOS

1. NECESIDAD DE IMPLEMENTAR ACCIONES AFIRMATIVAS A FAVOR DE LOS PUEBLOS ORIGINARIOS (COMUNIDADES INDÍGENAS Y AFROMEXICANAS)

Como sucede con los demás grupos en situación de desventaja o vulnerabilidad, la implementación de medidas afirmativas a favor de las personas indígenas y afromexicanas tienen su fundamento jurídico en los principios de igualdad material y en el derecho a la no discriminación, así como en la necesidad de erradicar la situación de relegación que viven constantemente las personas pertenecientes a las mencionadas comunidades en el acceso a los espacios de poder y la falta de oportunidades que derivan de un apartamiento social histórico y estructural.

Dichas máximas están reconocidas por la Constitución General de la República en sus artículos 1°, 4 y 41, aunado a que, el principio pro persona exige a todas las autoridades del Estado Mexicano, respetar, proteger, garantizar y promover los derechos humanos de las personas, lo que les impone la obligación de desarrollar medidas para que todos los sectores gocen de los derechos fundamentales en condiciones de igualdad.

Por su parte, en el artículo 2, apartado A de la Constitución General de la República se reconocen diversos derechos de los pueblos y comunidades indígenas que están diseñados para ser ejercidos en condiciones de igualdad con el resto de la población del país, tales como *el derecho a la participación en la política nacional* que abarca la atribución de acceder y desempeñar los cargos públicos y de elección para los que hayan sido designadas las personas de dicho sector poblacional en un marco que respete el pacto federal, así como el *derecho a la representación en los ayuntamientos* que les concede el derecho de elegir representantes ante los ayuntamientos cuando se trate de municipios de población indígena.[33]

En relación con lo anterior dicha protección también tiene sede en el ámbito internacional, ya que el artículo 2 del Convenio 169 de Organización Internacional del Trabajo, indica que los gobiernos de los Estados Parte deben asumir la responsabilidad de desarrollar, con la participación de los pueblos interesados, una acción coordinada y sistémica con miras a proteger los derechos de las comunidades indígenas y tribales, lo cual incluye medidas que aseguren a sus miembro gozar, en pie de igualdad, de los derechos y oportunidades que la legislación nacional otorga a los demás miembros de la población.

Aunado a lo anterior, el artículo 23.1 de la Convención Interamericana sobre Derechos Humanos precisa el derecho de todas las personas a gozar en condiciones de igualdad del acceso a las posiciones públicas del país.

En consecuencia, el reconocimiento jurídico del derecho de las personas que forman parte de las comunidades indígenas y afromexicanas que habitan en el territorio nacional a gozar de todos sus los derechos fundamentales en condiciones de igualdad sustantiva y la desventaja que viven en el ejercicio de sus derechos político-electorales que deriva de la discriminación de la que han sido objeto, establecen la necesidad de desarrollar acciones afirmativas dirigidas a dichos grupos poblacionales para erradicar esa situación de vulnerabilidad que las aleja del acceso a las posiciones públicas de poder.

---

33 Sentencia de la Sala Superior del Tribunal Electoral del Poder Judicial de la Federación, recaída los recursos de reconsideración identificados con la clave SUP-REC-14/2021 y acumulado, de diecisiete de febrero de dos mil veintiuno (páginas 15 y 16).

2. REQUISITOS DE ACCESIBILIDAD A LAS MEDIDAS AFIRMATIVAS DIRIGIDAS A LAS COMUNIDADES INDÍGENAS Y AFROMEXICANAS (AUTO ADSCRIPCIÓN)

Debe aclararse que, aunque las personas indígenas y afromexicanas reciben un tratamiento similar en el ámbito electoral en cuanto a la forma en la que son reconocidos y desarrollados sus derechos políticos, existen en determinados rubros diferencias notables que derivan de la naturaleza de dichas comunidades que implican, sobre todo, el establecimiento de distintas circunscripciones para su participación y requisitos de accesibilidad a las medidas afirmativas.

A. *Auto adscripción de personas indígenas*

En principio y por regla general la auto adscripción de las personas indígenas constituye el criterio que permite reconocer su pertenencia a algún pueblo originario y así gozar de los derechos derivados de esa pertenencia.[34]

Sin embargo, para el acceso a las medidas afirmativas en materia de postulación de candidaturas se requiere una adscripción calificada que ha sido desarrollada en la jurisprudencia de la Sala Superior del Tribunal Electoral del Poder Judicial de la Federación con la finalidad de garantizar que las personas que pretendan utilizar las acciones compensatorias dirigidas a los pueblos y comunidades indígenas, demuestren su efectiva pertenencia a dichas comunidades o tengan un vínculo estrecho con dichos pueblos.

---

34 Sala Superior, jurisprudencia 12/2013. COMUNIDADES INDÍGENAS. EL CRITERIO DE AUTOADSCRIPCIÓN ES SUFICIENTE PARA RECONOCER A SUS INTEGRANTES. Gaceta de Jurisprudencia y Tesis en materia electoral, Tribunal Electoral del Poder Judicial de la Federación, Año 6, Número 13, 2013, páginas 25 y 26.

Las autoridades electorales han establecido que el requisito puede acreditarse con constancias que permitan verificar que la persona interesada[35]:

a) Es originaria o descendiente da la comunidad y contar con elementos que acrediten su participación y compromiso comunitarios.

b) Ha prestado (en algún momento) servicios comunitarios, o ha desempeñado cargos tradicionales en la comunidad, población o distrito por el que pretendía ser postulada.

c) Ha participado en reuniones de trabajo tendentes a mejorar dichas instituciones o para resolver los conflictos que se presenten en torno a ellas, dentro de la población, comunidad o distrito indígena por el que pretenda ser postulada, o

d) Es o fue representante de alguna comunidad o asociación indígenas que tenga como finalidad mejorar o conservar sus instituciones.

Tales constancias deben ser expedidas por las autoridades existentes en la comunidad o población indígena, como pueden ser, las autoridades elegidas por sus sistemas normativos internos, la asamblea general comunitaria o cualquier otra con representación conforme al sistema normativo vigente en la comunidad. Para ello, debe exigirse que los documentos referidos sean presentados en original y copia, además de contener fecha de expedición y firma autógrafa.

En relación con lo expuesto, cabe decir que los mencionados parámetros para demostrar la auto adscripción calificada, fueron los exigidos en el proceso electoral federal pasado para acreditar la calidad de persona indígena por el Instituto Nacional Electoral, reconociendo que los supuestos referidos no son los únicos para

---

35 Consejo General del Instituto Nacional Electoral. Acuerdo INE/CG572/2020, punto de acuerdo décimo octavo, p. 92, aprobado en la sesión de 18 de noviembre de 2020.

demostrar aquél parámetro de accesibilidad, ni las constancias mencionadas con todas las que demuestran el vínculo referido con la comunidad, por lo que las personas interesadas tenían libertad de aportar todos los medios de convicción que estimaran necesario para ello, los cuales en cada casi quedaron sujetos a valoración.

Es importante decir que en la sentencia recaída al recurso de reconsideración SUP-REC-1410/2021 y acumulados, la Sala Superior, ordenó al Instituto Nacional Electoral que elaborara lineamientos que permitieran verificar de forma certera la auto adscripción calificada, a efecto de que desde el momento del registro se contara con elementos objetivos e idóneos que permitieran demostrarla para evitar toda posibilidad de que se dieran casos como el dirimido en la mencionada resolución, en los que con posterioridad a la asignación de las diputaciones correspondientes a las acciones afirmativas indígenas, persistieron fórmulas que no evidenciaron cumplir con los elementos objetivos de auto adscripción calificada.[36]

En cumplimiento al mencionado fallo, el Instituto Nacional Electoral decidió desarrollar una consulta dirigida a las personas indígenas del país, con la finalidad de allegarse de elementos para definir el parámetro de auto adscripción calificada e incluir en los lineamientos correspondientes las normas que regulen debidamente su acreditación.

B. Auto adscripción de personas afromexicanas

A las personas afromexicanas solamente se les exige la auto adscripción simple para acceder a las medidas afirmativas imple-

36 Ver sentencia de la Sala Superior del Tribunal Electoral del Poder Judicial de la Federación recaída a los recursos de reconsideración identificados con las claves SUP-REC-1410/2021 y acumulados, de fecha veintiocho de agosto de dos mil veintiuno.

mentadas a efecto de que se integren en la postulación de candidaturas y en los órganos de representación.

Al respecto resulta importante destacar que en los medios de impugnación identificados con la clave de expediente SUP-JDC-556/2022 y acumulados, fue impugnado, por un lado, el acuerdo **INE/CG347/2022** emitido por el Consejo General del Instituto Nacional Electoral (en cumplimiento a la sentencia emitida por el referido órgano jurisdiccional en los recursos de reconsideración SUP-REC-1410/2021 y acumulado) por el que aprobó la realización de una consulta previa, libre e informada a las personas, pueblos y comunidades indígenas en materia de auto adscripción para la postulación de candidaturas a cargos federales de elección popular, así como el protocolo correspondiente y, por otra parte, se cuestionó el diverso acuerdo INE/CG388/2022 por el que el mencionado órgano de dirección de la autoridad administrativa electoral autorizó: a) la convocatoria para la realización de la consulta y el extracto para su difusión; b) el cuestionario que sería utilizado en la consulta y c) la convocatoria para quienes deseen participar en calidad de observadores en la consulta.

En la mencionada resolución[37], la Sala Superior estimó que la materia de la consulta no debía ampliarse al contenido de las acciones afirmativas en materia indígena en materia de registro de candidaturas o acceso a los cargos de elección popular, porque ello no fue objeto de pronunciamiento en la resolución recaída a los recursos de reconsideración SUP-REC-1410/2021 y acumulados, ya que ahí sólo se ordenó elaborar lineamientos referentes a la auto adscripción calificada de las personas indígenas.

En adición a ello, también sostuvo en el fallo del juicio ciudadano SUP-JDC-556/2021 que no debía incluirse a las personas afromexicanas en el mencionado proceso consultivo, porque és-

---

37 Ver sentencia de la Sala Superior del Tribunal Electoral del Poder Judicial de la Federación, recaída al juicio para la protección de los derechos político-electorales del ciudadano SUP-JDC-556/2022 y acumulado, de fecha 20 de julio de 2022.

tas sólo requieren la auto adscripción simple para manifestar su pertenencia a esa categoría.

En la sentencia precisada el órgano de justicia indicó que las acciones afirmativas y los mecanismos para garantizar su efectividad abarcan una amplia gama de posibles instrumentos, políticas y prácticas que deben implementarse atendiendo a las necesidades específicas del sector a que se dirigen de forma que medidas de la misma naturaleza pueden resultar distintas cuantitativa y cualitativamente para cada grupo.

Entonces -aseveró la Sala Superior-, si bien los pueblos afromexicanos son destinatarios de derechos equiparables a los de las comunidades indígenas, las medidas afirmativas y los requisitos de auto adscripción varían entre ambos grupos, de ahí que no era viable incluir a los primeros en el proceso consultivo dirigido a los pueblos indígenas.

En consecuencia, a la fecha las personas de las comunidades afromexicanas requieren de una auto adscripción simple para acceder a las medidas afirmativas.

3. DERECHO A LA CONSULTA

En el ámbito internacional e incluso en el nacional se ha reconocido como un derecho de los pueblos y comunidades indígenas el derecho a ser consultados de forma previa a la implementación o ejecución de alguna ley o acto administrativo que tenga un impacto significativo en las referidas personas.

A. *Contenido general del derecho a la consulta*

El mencionado derecho se encuentra tutelado por varias disposiciones del bloque de constitucionalidad.

El Convenio 169 de la OIT sobre Pueblos Indígenas y Tribales establece en su artículo 6.1 que los gobiernos de los Estados Parte deberán consultar a los pueblos interesados, mediante procedimientos apropiados y en particular a través de sus instituciones representativas -autoridades tradicionales-, cada vez que prevean medidas legislativas o administrativas susceptibles de afectarles directamente. El artículo 6.2 del mencionado tratado internacional prevé que las consultas llevadas a cabo en aplicación del convenio deberán efectuarse de buena fe y de una manera apropiada a las circunstancias, con la finalidad de llegar a un acuerdo o lograr el consentimiento acerca de las medidas propuestas.

En el derecho interno, la Suprema Corte de Justicia de la Nación ha sostenido que la obligación de realizar consulta previa a los pueblos y comunidades indígenas del país no es exigible frente a todos los actos de autoridad administrativos o legislativos que incidan o se dirijan a dicho sector social, sino que ello sólo resulta obligatorio respecto de aquellas medidas o intervenciones estatales que generen un impacto significativo.

En la tesis aislada 2a. XXVII/2016 (10a.), de rubro: "**PUEBLOS Y COMUNIDADES INDÍGENAS. EN SU DERECHO A SER CONSULTADOS, EL ESTÁNDAR DE IMPACTO SIGNIFICATIVO CONSTITUYE EL ELEMENTO ESENCIAL PARA QUE PROCEDA**.", la Segunda Sala de la Suprema Corte de Justicia de la Nación, ha sostenido que:

a) El derecho a la consulta a los pueblos y comunidades indígenas es una prerrogativa fundamental reconocida en el artículo 2o. de la Constitución Política de los Estados Unidos Mexicanos y en el Convenio 169 sobre Pueblos Indígenas y Tribales en Países Independientes de la Organización Internacional del Trabajo, cuya protección puede exigir cualquier integrante de la comunidad o pueblo indígena, con independencia de que se trate o no de un representante legítimo nombrado por éstos.

b) El referido derecho constituye una prerrogativa necesaria para salvaguardar la libre determinación de las comunidades, así como los derechos culturales y patrimoniales -ancestrales- que la Constitución y los tratados internacionales les reconocen.

c) Lo anterior no significa que deban llevarse a cabo consultas siempre que grupos indígenas se vean involucrados en alguna decisión estatal, sino sólo en aquellos casos en que la actividad del Estado pueda causar impactos significativos en su vida o entorno.

d) Así, se ha identificado -de forma enunciativa mas no limitativa- una serie de situaciones genéricas consideradas de impacto significativo para los grupos indígenas como: 1) la pérdida de territorios y tierra tradicional; 2) el desalojo de sus tierras; 3) el posible reasentamiento; 4) el agotamiento de recursos necesarios para la subsistencia física y cultural; 5) la destrucción y contaminación del ambiente tradicional; 6) la desorganización social y comunitaria; y 7) los impactos negativos sanitarios y nutricionales, entre otros.

e) En consecuencia, las autoridades deben atender al caso concreto y analizar si el acto impugnado puede impactar significativamente en las condiciones de vida y entorno de los pueblos indígenas.

En síntesis, en el mencionado criterio del más alto tribunal, los órganos del Estado Mexicano están obligados a realizar una consulta a los pueblos y comunidades indígenas de forma previa a la emisión y ejecución de actos de autoridad (administrativos o legislativos) que puedan afectar de forma significativa la vida o el entorno en que se desarrollan las personas indígenas, los bienes materiales e inmateriales que forman parte de su patrimonio físico o su cultura.

Además, en la tesis mencionada se puntualizó que las autoridades deben atender al caso concreto y determinar si el acto de gobierno o medida de intervención que pretenden implementar en un momento determinado, puede impactar significativamente en la vida y entorno de los pueblos indígenas.

B. ¿Los organismos públicos locales electorales tienen obligación de llevar a cabo una consulta indígena dirigida a los pueblos y comunidades indígenas de forma previa a la emisión de medidas afirmativas en materia electoral?

La respuesta a la mencionada pregunta es que, en principio, las autoridades administrativas electorales no están obligadas a formular una consulta dirigida a los pueblos y comunidades indígenas de forma previa a la emisión de las medidas afirmativas para que dichas personas accedan a los cargos de elección popular.

En un caso en que fue impugnado un acuerdo de un organismo público local electoral en que se establecían medidas afirmativas para la postulación de candidaturas independientes de personas indígenas a cargos de elección popular de la respectiva entidad federativa por falta la consulta a los pueblos originarios asentados en el Estado, la Sala Superior decidió validarlos aún sin haberse llevado el mencionado ejercicio de opinión.

Para sostener lo anterior se indicó que el derecho a la consulta previa no debe imponerse como una condicionante para garantizar de mejor forma un derecho fundamental, por lo que su falta de realización no puede invalidar las medidas afirmativas que en ámbito administrativo sean expedidas a efecto de mejorar las condiciones en que las personas indígenas ejercen sus derechos políticos.

Además de lo anterior, debe tomarse en cuenta que ese tipo de medidas compensatorias no genera un impacto significativo en las comunidades a las que se destinan porque, en el caso concreto, reglamentaron un derecho reconocido en el orden constitucional local: la postulación de candidaturas independientes indígenas a los cargos estatales de elección popular.

No es válido dejar sin efectos acciones afirmativas dirigidas a pueblos y comunidades indígenas por la falta de celebración de una consulta previa a su aprobación porque el invalidar dichas medidas compensatorias generaría un retroceso en el reconocimiento de sus derechos, pues las mencionadas personas quedarían desprovistas de políticas para acceder a los cargos de elección popular.

Lo expuesto, se explica con mayor amplitud en la infografía que a continuación se inserta.

CONSULTA PREVIA A COMUNIDADES INDÍGENAS EN RELACIÓN CON LINEAMIENTOS DE MEDIDAS AFIRMATIVAS PARA EL ACCESO DE SUS INTEGRANTES A LOS CARGOS DE ELECCIÓN POPULAR EN LAS ENTIDADES FEDERATIVAS

SUP-REC-53/2021 Y ACUMULADOS. SALA SUPERIOR TEPJF

¿En qué casos debe realizarse consulta previa a las comunidades indígenas?

¿El contexto de la pandemia representa un impedimento para que las comunidades indígenas se reúnan para decidir sobre la postulación de candidaturas independientes de sus miembros?

Una Sala Regional confirmó la sentencia de un Tribunal local, en virtud de que ambos órganos jurisdiccionales coincidieron en que debían revocarse acciones afirmativas determinadas por un OPLE en que se preveían reglas para elegir candidaturas independientes emanadas de comunidades indígenas, por haberse aprobado dichas medidas afirmativas sin antes realizar consulta previa a los pueblos originarios destinatarios.

SENTIDO

Revocar las sentencias recurridas y con ello se dejar subsistente el acuerdo impugnado originalmente, ya que no era necesaria la realización de una consulta previa dirigida a las comunidades indígenas de forma previa a la emisión de las medidas afirmativas.

RAZONES QUE SOSTIENEN EL CRITERIO

1. El derecho de consulta previa no debe imponerse como requisito para lograr garantizar posteriormente un derecho fundamental, como lo es el de participación política de las personas indígenas, sino que, la consulta previa debe realizarse cuando la decisión de que se trate tenga un impacto significativo en la comunidad indígena, por lo que no existe obligación de consultar en todos los casos.

2. En la entidad federativa en que se suscitó la impugnación, se encuentran reconocidas en la Constitución local las candidaturas independientes exclusivas para personas indígenas, las cuales deben ser valoradas para su postulación por las propias comunidades indígenas, atendiendo a sus usos y costumbres.

3. El acuerdo emitido por el OPLE tomó en consideración este derecho reconocido en la Constitución, por lo que, para desarrollarlo, previó la postulación de candidaturas independientes atendiendo a usos y costumbres. Entonces, no era necesario realizar consulta previa sobre los lineamientos que hicieron viable tal derecho constitucional.

4. La consulta previa es un derecho fundamental en sí mismo, pero para el caso concreto no era necesaria la realización del ejercicio consultivo, porque tal y como se determinó en los lineamientos del OPLE, subsiste la posibilidad de que las propias comunidades indígenas elijan a quienes postulan como candidatas y candidatos independientes, tal como lo reconoce la constitución local.

5. No resulta jurídicamente válido revocar acciones afirmativas dirigidas a pueblos y comunidades indígenas que fortalecen su participación en el ámbito político electoral con motivo del incumplimiento de un supuesto requisito procesal como es la consulta previa, porque en esa tónica, con la invalidación de los lineamientos se dejaría a las comunidades indígenas sin la posibilidad de elegir a sus candidatos independientes.

Lo aquí expuesto no debe ser entendido en el sentido de que está prohibido llevar a cabo el ejercicio consultivo a los pueblos y comunidades indígenas frente a la implementación de medidas afirmativas destinadas a dichas personas, puesto que las autoridades electorales, con una perspectiva de interculturalidad, tienen atribuciones para ordenar el desarrollo de una consulta de forma previa a la aprobación de los instrumentos que establezcan acciones compensatorias para el ejercicio de los derechos electorales de las personas indígenas.

En esa tónica, fue que el Instituto Nacional Electoral, al acatar la sentencia emitida relativa al recurso de reconsideración SUP-REC-1410/2021 que le ordenó expedir lineamientos en materia de auto adscripción indígena, decidió llevar a cabo una consulta dirigida a los pueblos y comunidades indígenas del país de forma previa a emisión de la mencionada regulación administrativa con el propósito de allegarse de elementos que permitan diseñar de forma más adecuada las referidas reglas.

4. PROGRESIVIDAD EN LAS MEDIDAS AFIRMATIVAS DIRIGIDAS AL SUFRAGIO PASIVO DE LOS PUEBLOS ORIGINARIOS

Cabe mencionar que existen evidencias que en los tiempos recientes ha avanzado la protección de los derechos políticos de las personas indígenas en el acceso a los cargos de elección popular, mediante la implementación de medidas afirmativas que cada vez se ajustan más a la realidad social y tienden a lograr una mayor proporcionalidad entre la cantidad de personas que integran esos grupos poblacionales y su importancia social, con los espacios concedidos de forma exclusiva a dichas personas en la postulaciones de candidaturas.

Si bien las medidas compensatorias mencionadas son de carácter temporal, debe tenerse en cuenta que su objetivo es lograr erradicar la discriminación de que son víctimas las personas indígenas en nuestra sociedad y, por tanto, son instrumentos de tutela de los derechos humanos que por su naturaleza están regidos por el principio de progresividad y no regresión, lo que exige a los agentes del Estado la aplicación de acciones que tengan como efecto una mayor tutela de los derechos fundamentales conforme paso el tiempo y, en relación con ello, la imposibilidad de retroceder en el reconocimiento realizado.

La progresividad en la tutela de los derechos políticos de los pueblos indígenas destaca en el acceso a las diputaciones federales.

Para el proceso electoral 2017-2018 el Consejo General del Instituto Nacional Electoral aprobó un acuerdo en que vinculó a los partidos políticos a postular personas que se auto adscribieran como indígenas en doce de los veintiocho distritos que contaran al menos con cuarenta por ciento de población indígena, criterio que fue perfeccionado por la Sala Superior al resolver el recurso de apelación SUP-RAP-726/2017 y acumulados, al ampliar a trece los distritos electorales en los que se debería implementar la acción afirmativa.[38]

Para el proceso electoral 2020-2021 el Consejo General del Instituto Nacional emitió el acuerdo INE/CG572/2020 en que reiteró la mencionada medida afirmativa, sin embargo, el mencionado acto fue controvertido en la parte conducente y la Sala Superior conoció de la impugnación en el expediente SUP-RAP-121/2020 y acumulados,

Al resolver el mencionado medio de defensa, el órgano jurisdiccional precisó que esa medida afirmativa resultaba insuficiente para tutelar el derecho de las personas indígenas a acceder a los cargos de elección popular, por lo que en atención a ello ordenó ampliar la acción compensatoria a efecto de postular una mayor

---

38 Sentencia de la Sala Superior del Tribunal Electoral del Poder Judicial de la Federación, recaída a los recursos de reconsideración SUP-REC-14/2021 y acumulado, de fecha 17 de febrero de 2021.

cantidad de personas de las referidas comunidades a los cargos de diputaciones federales.

En función de ello, los partidos políticos quedaron obligados a postular veintiún fórmulas integradas por personas indígenas dentro de los veintiocho distritos que tienen al menos cuarenta por ciento de población indígena. Además, las postulaciones relativas a la medida afirmativa debían ser postuladas de forma paritaria, por lo que estaban obligados a postular al menos once fórmulas integradas por mujeres.

INCREMENTO DE LA CANTIDAD DE DISTRITOS ELECTORALES UNINOMINALES RESERVADOS PARA PERSONAS INDÍGENAS EN LA POSTULACIÓN DE CANDIDATURAS A DIPUTACIONES FEDERALES

SUP-RAP-121/2020 Y ACUMULADOS. SALA SUPERIOR DEL TEPJF

¿Debe incrementarse la cantidad de distritos electorales uninominales reservados para la postulación de personas indígenas a diputaciones federales?

El Instituto Nacional Electoral emitió un acuerdo en que implementó medidas afirmativas dirigidas al proceso electoral 2020-2021, mediante el cual conservó el número de distritos para candidaturas por el principio de mayoría relativa (13) reservados a candidaturas de personas indígenas determinado en el proceso electoral inmediato anterior (2018).

SENTIDO

Modificar el acuerdo impugnado, para que el INE emitiera acciones afirmativas a favor de las personas con discapacidad y aumentará a 21 los distritos uninominales por el principio de mayoría relativa donde deben postularse exclusivamente personas indígenas.

RAZONES QUE SOSTIENEN EL CRITERIO

1. Para aminorar la desigualdad material que sufren las personas indígenas, se debe fortalecer su derecho de participación política, para lo cual es necesario aumentar los distritos electorales por el principio de mayoría relativa exclusivos para la postulación de este grupo social.

CONCLUSIÓN

Para garantizar el acceso a cargos públicos de grupos vulnerables, se deben implementar medidas afirmativas que incrementen el número de distritos por el principio de mayoría relativa -13 a 21- reservados a personas indígenas.

Capítulo VI.

PERSONAS MEXICANAS RESIDENTES EN EL EXTRANJERO

1. ¿POR QUÉ DEBEN DESARROLLARSE MEDIDAS AFIRMATIVAS EN MATERIA ELECTORAL A FAVOR DE LAS PERSONAS MEXICANAS RESIDENTES EN EL EXTRANJERO?

Las autoridades del Estado Mexicano están obligadas a desarrollar medidas afirmativas para la protección de los derechos de las personas migrantes porque el artículo 1 de la Constitución General de la República les establece el deber de tutelar los derechos de todas las personas mexicanas, lo que implica desde luego el deber de respetar, proteger, respetar, garantizar y promover los derechos de las mujeres y hombres connacionales que residen en el extranjero.

Por su parte, el artículo 23.1 de la Convención Interamericana de Derechos Humanos, refiere que todas las personas tienen derecho a ejercer sus derechos políticos en condiciones de igualdad y en esa tónica también el instrumento internacional mencionado constituye un fundamento para la implementación de acciones compensatorias a favor de la comunidad mexicana migrante.

La necesidad de desarrollar ese tipo de medidas radica en que las personas mexicanas residentes en el extranjero son una minoría relevante que no debe ser excluida de la esfera política, pues de acuerdo a datos del Instituto de los Mexicanos Residentes en el Exterior, evidencian que en 2017 vivían fuera del país más de once millones de personas mexicanas, de los cuales el 97.23% residía en los Estados Unidos de América.

Además, la comunidad mexicana migrante es un grupo en situación de vulnerabilidad, porque las personas que la integran sufren una discriminación en dos vertientes, la primera en el país donde residen por no formar parte del grupo social mayoritario y, la segunda, es la falta de reconocimiento de sus derechos políticos en su país de origen.[39]

Las mencionadas personas también son víctimas de una discriminación múltiple derivada de su origen étnico o su procedencia nacional. Además, en México no gozan de ciudadanía plena porque a las personas mexicanas residentes en el extranjero sólo pueden votar en las elecciones de Presidencia de la República y Senadurías.

Entonces, el apartamiento político en que se encuentran las personas mencionadas en el ámbito electoral, pese a contar con la calidad de ciudadanía, exige la implementación de acciones afirmativas para lograr mejores condiciones en el ejercicio de sus derechos políticos, sobre todo, en el acceso al voto y a los cargos de elección popular.[40]

2. REQUISITOS DE ACCESIBILIDAD A LAS ACCIONES AFIRMATIVAS DESTINADAS A LA COMUNIDAD MIGRANTE

Con relación a la definición de las personas que deben ser destinatarias de las acciones afirmativas dirigidas a la comunidad migrante es trascendente mencionar que la Sala Superior ha determinado lo siguiente:

---

39 DE LA MATA Pizaña, Felipe y RODRÍGUEZ Mondragón, Reyes, "*PROCESOS ELECTORALES 2020-2021. 100 Infografías sobre sentencias del Tribunal Electoral del Poder Judicial de la Federación*". Ciudad de México, México, Tribunal Electoral del Poder Judicial de la Federación, 2021, p. 26.

40 Idem.

a) Únicamente las personas residentes en el extranjero pueden ser postuladas para cumplir con la acción afirmativa migrante

b) La calidad de migrante y residente en el extranjero puede acreditarse (además de los documentos señalados en el propio acuerdo INE/CG160/2021[41]), con cualquier otro elemento o constancia que genere convicción de esa calidad.

Ello esclarece que las personas que cuentan con aptitud para utilizar las medidas afirmativas migrantes son las mexicanas y mexicanos residentes en el exterior.

Dicho pronunciamiento puede apreciarse en la sentencia de la Sala Superior del Tribunal Electoral del Poder Judicial de la Federación, en el caso que se sintetiza en la infografía que se inserta.

---

41 Acta de nacimiento o credencial para votar, credencial para votar desde el extranjero, inscripción en la lista nominal de electorales residentes en el extranjero, además de cualquier otro medio de convicción que demuestren la calidad de migrante o residente en el extranjero (la eficacia de este elemento quedaría sujeta a valoración del INE).

PERSONAS DESTINATARIAS DE LAS MEDIDAS AFIRMATIVAS ELECTORALES DIRIGIDAS A MIGRANTES Y RESIDENTES EN EL EXTRANJERO

SUP-JDC-346/2021. SALA SUPERIOR DEL TEPJF

I. PROBLEMA JURÍDICO DEL ASUNTO

¿Las personas que han realizado labores a favor de la comunidad migrante pueden ser beneficiarias de medidas afirmativas para fortalecer la participación política de la comunidad migrante? ¿Se deben ampliar los medios de convicción para que las personas migrantes y residentes en el extranjero demuestren alguna de esas calidades?

II. SÍNTESIS DEL CASO

El Instituto Nacional Electoral emitió medidas afirmativas para fortalecer la participación política de personas migrantes y residentes en el extranjero, sin exigir que los beneficiarios vivieran fuera del país.

III. RESUMEN DE LA SENTENCIA ANALIZADA

Sentido:

Modificar el acuerdo impugnado.

Razones que sostienen el criterio:

1. Habilitar a personas que (sin residir en el extranjero) hayan hecho trabajo a favor de la comunidad migrante para postularse en candidaturas reservadas a favor de estos grupos no es adecuado o razonable, porque afecta el propósito de la medida, que es fortalecer la participación política de personas migrantes y residentes en el extranjero.

2. La razón de existir de las acciones afirmativas, tiene que ver con la desventaja en materia de participación política que acarrea vivir en el extranjero en calidad de migrante.

3. Además de la credencial para votar en sus dos modalidades (normal y para votar desde el extranjero), el acta de nacimiento y la inscripción en la lista nominal de electores residentes en el extranjero, las personas migrantes y residentes en el extranjero pueden demostrar tal calidad con otros medios de convicción.

CONCLUSIÓN

Las personas destinatarias de las acciones afirmativas referidas son las personas migrantes y residentes en el extranjero, ya que restaría efectividad a la medida ampliar la titularidad de las candidaturas reservadas para la comunidad migrante, a personas que no cuentan con esas características.

También debe permitirse que las personas migrantes y residentes en el extranjero cuenten con mayor amplitud probatoria para demostrar que tienen esa calidad.

3. MEDIDAS AFIRMATIVAS A FAVOR DE LAS PERSONAS RESIDENTES EN EL EXTRANJERO

Con el propósito de que las personas mexicanas residentes en el extranjero cuenten con condiciones de igualdad para el ejercicio de sus derechos político-electorales, tanto las autoridades administrativas como las jurisdiccionales de la materia, han desarrollado e implementado diversas medidas afirmativas dirigidas a esa comunidad.

A. *Derecho al sufragio pasivo*

A golpe de sentencia, la Sala Superior ha ordenado la aplicación de algunas acciones afirmativas que permiten el acceso de las personas mexicanas migrantes a los cargos de elección popular. Asimismo, existen criterios que invalidan acciones que implican un retroceso en el reconocimiento de los mencionados derechos.

a. **Precedentes**

a.1. Medidas afirmativas en el ámbito administrativo

El mencionado órgano jurisdiccional ha indicado que ante la falta de disposiciones normativas que contengan medidas para que las personas migrantes accedan a las candidaturas o a los cargos de elección popular, las autoridades administrativas electorales tienen la obligación de desarrollarlas en ejercicio de su facultad reglamentaria a efecto de no dejar desprovisto a ese sector de acciones que les permitan el ejercicio de sus derechos en un plano igualdad material.

Lo anterior se basa en que todos los agentes del Estado Mexicano cuentan con el deber de eliminar la discriminación en todas las formas existentes y están obligadas a respetar, proteger, garantizar y promover los derechos de todas las personas en condiciones de igualdad.

Por las razones anteriores, la facultad reglamentaria de los organismos administrativos electorales puede ejercerse válidamente para asegurar el ejercicio de derechos políticos electorales.

Los mencionados argumentos están basados en lo resuelto por la Sala Superior en el expediente identificado con la clave SUP-RAP-21/2021 y acumulados, en cuya resolución ordenó al Instituto Nacional Electoral diseñar e implementar a la brevedad medidas afirmativas para personas mexicanas migrantes y residentes en el extranjero a fin de que, en el proceso federal que se encontraba en curso en ese momento, participaran dentro de los diez primeros lugares en las listas de representación proporcional de cada una de las circunscripciones plurinominales cumpliendo con el principio de paridad.

Además, estimó que, con el propósito de dotar de efectividad al derecho al sufragio pasivo de las personas mexicanas residentes en el extranjero, el requisito constitucional de residencia efectiva mínima de seis meses en la circunscripción, debía interpretarse como la necesidad de que las personas interesadas mostraran algún vínculo con alguna de las entidades federativas que conformaran aquella y la comunidad de migrantes donde residan.[42]

Dicho criterio se describe en la infografía que a enseguida se inserta:

---

[42] Idem.

DERECHO AL SUFRAGIO PASIVO DE LAS PERSONAS MIGRANTES Y RESIDENTES EN EL EXTRANJERO, EN SU VERTIENTE DE ACCESO A LAS DIPUTACIONES FEDERALES DE REPRESENTACIÓN PROPORCIONAL

SUP-RAP-21/2021 Y ACUMULADOS. SALA SUPERIOR DEL TEPJF

I. PROBLEMA JURÍDICO DEL ASUNTO

¿Se debe garantizar el sufragio pasivo de las personas migrantes y residentes en el exterior por medio de medidas afirmativas consistentes en reservar candidaturas exclusivas para dichas personas a diputaciones federales de representación proporcional?

II. SÍNTESIS DEL CASO

El Instituto Nacional Electoral emitió un acuerdo mediante el cual dispuso los parámetros a los que debían ceñirse los partidos políticos para garantizar la participación política de diversos grupos sociales, sin contemplar a las personas mexicanas residentes en el exterior.

SENTIDO

Modificar el acuerdo impugnado, para que el INE emitiera acciones afirmativas a favor de la comunidad migrante.

RAZONES QUE SOSTIENEN EL CRITERIO

1. A las personas migrantes y residentes en el extranjero se les debe garantizar su derecho al sufragio activo, por medio de acciones afirmativas que incluyan cuotas reservadas para dichas personas.
2. Son un grupo en situación de vulnerabilidad cuyos derechos político-electorales se han visto coartados históricamente.
3. Se debe fortalecer la participación política del grupo sin que sea necesaria la emisión de una legislación previa, pues las acciones afirmativas pueden devenir de actos de carácter administrativo para lo cual no es necesario una armonización a efecto hacer compatible el acceso a las diputaciones federales con las necesidades de la comunidad migrante.
4. El requisito constitucional consistente en tener residencia efectiva en México no es un impedimento para que personas migrantes ejerzan su derecho al sufragio pasivo, pues se interpreta que el requisito tiene como única finalidad vincular al representante con una comunidad, sin que tal disposición resulte una restricción.
5. Tampoco existe impedimento para el ejercicio de los derechos políticos de este grupo social en materia de campañas, ni en temas de fiscalización y financiamiento.

CONCLUSIÓN

Las personas migrantes y residentes en el extranjero tienen derecho a participar en los asuntos públicos, por lo que es correcto reservar para personas que se encuentran en dicha situación, candidaturas a diputaciones por el principio de representación proporcional con el propósito de dotarlas de representatividad en los órganos legislativos.

a.2. Derogación de medidas afirmativas dirigidas a las personas migrantes

El principio de progresividad es una máxima de protección de los derechos humanos contenida en el artículo 1 de la Constitución General que prohíbe a las autoridades del Estado Mexicano, desconocer, dejar sin efectos o revocar los avances alcanzados en el ejercicio de las prerrogativas fundamentales.

Lo anterior se traduce en que la derogación o modificación de las medidas afirmativas previstas en determinada normatividad no pueden sufrir cambios para volverlas más restrictivas ni existe posibilidad de eliminarlas, puesto que realizar tales acciones implicaría transgredir el principio de progresividad y, de forma simultánea las disposiciones del bloque de inconstitucionalidad.

Ello se basa en que las acciones afirmativas desarrollan derechos fundamentales con el objetivo de reducir y erradicar el estado de desventaja en que se encuentran determinados grupos sociales, de lo que se sigue que están protegidos por el principio pro persona y, por tanto, les resulta aplicable la máxima de progresividad.

En relación con lo dicho, es importante poner de relieve que la Sala Superior en una de sus sentencias determinó la inaplicación al caso concreto de un decreto de reforma legislativa expedido por el Congreso de una entidad federativa en que se determinó suprimir la figura de la diputación migrante.

El órgano jurisdiccional estimó que las disposiciones del decreto en que se eliminaba la mencionada acción afirmativa transgredieron el principio de progresividad y, por tanto, el texto constitucional, lo que llevó a ordenar su inaplicación al caso concreto.

Con la expedición de dicha medida derogatoria se configuró un retroceso en el avance de los derechos de las personas mexicanas residentes en el extranjero que se había logrado con la introducción de la diputación migrante en la legislación local, por lo cual el decreto que la eliminó no se encontraba ajustado al orden constitucional y se declaró la invalidez de las disposiciones respectivas.

ELIMINACIÓN DE LA FIGURA DE DIPUTACIÓN MIGRANTE EN UNA LEGISLACIÓN ELECTORAL LOCAL

SUP-REC-88/2020. SALA SUPERIOR DEL TEPJF

I. PROBLEMA JURÍDICO DEL ASUNTO

¿Es posible eliminar la figura de la diputación migrante de una legislación sin trastocar derechos humanos?

II. SÍNTESIS DEL CASO

Un Congreso local suprimió la figura de diputación migrante reconocida en una legislación, que consistía en reservar una curul para personas migrantes y residentes en el extranjero.

III. RESUMEN DE LA SENTENCIA ANALIZADA

Sentido:
Inaplicar el decreto de reforma realizado por el Congreso local y conservar la figura de diputación migrante.

Razones que sostienen el criterio:

1.
Con la supresión de esta figura se transgrede el derecho fundamental de participación política en sus vertientes pasiva y activa de personas migrantes y residentes en el extranjero, lo que genera una situación contraria al principio de progresividad de los derechos humanos.

2.
El derecho de participación política de personas migrantes tiene sentido porque este grupo social tiende a conservar relaciones con su país de origen, pues tiene interés en sus acontecimientos sociales y políticos.

3.
La diputación migrante es un derecho especial en virtud de lo que representa la comunidad migrante para nuestro país (importancia social, económica y cultural), por tanto, debe protegerse desde un enfoque multicultural, que parte de considerar que son un grupo excluido del acceso a cargos públicos.

4.
La derogación de la figura de la diputación local migrante trastoca el derecho de naturaleza colectiva, de ahí deviene la urgente necesidad de inaplicar la derogación de la figura de diputación migrante.

CONCLUSIÓN:

Debe conservarse la legislación prevista que regula la diputación migrante, pues en atención al contenido del principio de progresividad es un derecho humano que no puede eliminarse. De este modo, se protegen los derechos colectivos de la comunidad migrante en el ámbito político, en correspondencia a las implicaciones que tiene este derecho especial por estar dirigido a un grupo excluido históricamente de la representación en los cargos de elección popular.

B. Derecho al sufragio activo

Las condiciones de distancia en que se encuentran las personas mexicanas residentes en el extranjero han permitido la implementación de diversos esquemas para recabar el voto de las y los connacionales se encuentran fuera de nuestro territorio.

Tales novedades constituyen medidas afirmativas en atención a que facilitan el sufragio activo y otorgan a la comunidad migrante opciones para ejercerlo en condiciones de igualdad desde el extranjero.

Durante el proceso electoral celebrado entre los años 2020 y 2021 el Instituto Nacional Electoral emitió un acuerdo en que omitió prever la posibilidad de que las mexicanas y mexicanos con residencia en el extranjero pudieran votar de forma presencial en las representaciones de México en el exterior, mismo que fue impugnado ante la Sala Superior.

El mencionado órgano judicial le instruyó en su sentencia a la autoridad administrativa electoral que habilitara las tres modalidades de votación desde el extranjero contemplados por la ley, es decir, voto por correo postal, voto por internet y presencial en las sedes consulares.

Con ello se garantizó a las personas mexicanas que residen en el exterior, contar con opciones que las colocaron en mejores condiciones de ejercer su voto desde el extranjero en las elecciones federales nacionales. Lo razonado en el referido precedente se explica en la infografía que se muestra a continuación.

DERECHO AL SUFRAGIO ACTIVO
DE LAS PERSONAS MIGRANTES Y RESIDENTES EN EL EXTRANJERO

SUP-JDC-1076/2021 Y ACUMULADOS. SALA SUPERIOR DEL TEPJF

I. PROBLEMA JURÍDICO DEL ASUNTO

¿La autoridad electoral debe garantizar que los mexicanos que residen en el exterior voten en las sedes consulares correspondientes?

II. SÍNTESIS DEL CASO

El Instituto Nacional Electoral no habilitó la posibilidad de que los mexicanos residentes en el extranjero pudieran votar de forma presencial en las representaciones diplomáticas respectivas, durante el proceso electoral 2020-2021.

III. RESUMEN DE LA SENTENCIA ANALIZADA

Sentido:

Ordenar al Instituto Nacional Electoral que habilitara las tres modalidades de votación desde el extranjero que contempla la ley: voto por correo postal, voto por internet y voto presencial en sedes consulares.

Razones que sostienen el criterio:

1. La autoridad electoral debe garantizar que los mexicanos residentes en el extranjero puedan votar de forma personal por medio de una boleta, en las instalaciones de las sedes consulares que para tal efecto deben habilitar.

2. La razón de existir de las acciones afirmativas, tiene que ver con la desventaja en materia de participación política que acarrea vivir en el extranjero en calidad de migrante.

3. Ello resulta conforme a la obligación que tienen las autoridades del Estado Mexicano en cuanto a la garantía y protección de los derechos políticos de todas las personas, especialmente de aquellos grupos que han estado tradicionalmente excluidos de la participación política, como sucede con las personas mexicanas migrantes y residentes en el extranjero.

CONCLUSIÓN

El Instituto Nacional Electoral debe garantizar, además del voto por correo postal y electrónico, la posibilidad de que los mexicanos residentes en el extranjero voten de manera presencial a través de una papeleta, en las sedes consulares correspondientes.

Capítulo VII.

PERSONAS JÓVENES

1. ¿LAS PERSONAS JÓVENES SON UN GRUPO VULNERABLE RESPECTO DEL CUAL DEBEN DESARROLLARSE MEDIDAS AFIRMATIVAS EN MATERIA ELECTORAL?

La inexistencia de un mandato expreso en el bloque de constitucionalidad que se dirija directamente a la protección de los derechos de las personas jóvenes no debe constituir un impedimento para desarrollar acciones que les permitan desarrollar sus derechos políticos en condiciones de igualdad respecto de la mayoría de la sociedad.

Tanto en la Constitución Federal como en los Tratados Internacionales suscritos y ratificados por México, se reconocen los principios de igualdad y no discriminación, por tanto, conforme al principio por persona contemplado en el artículo 1 del primero de los citados ordenamientos, todas las autoridades del Estado Mexicano están obligadas a respetar, proteger y garantizar los derechos humanos de las personas dentro de los que encuentran los de carácter político.

En esa tónica están facultadas para tomar medidas a fin de combatir cualquier situación discriminatoria en perjuicio de los sectores en situación desventaja mediante la emisión de medidas afirmativas.

Ahora bien, las personas jóvenes son destinatarias de ese tipo acciones compensatorias por ser un grupo que se encuentra en un estado de discriminación estructural en el ámbito político, lo que justifica el desarrollo de medidas afirmativas a su favor en materia electoral.

En primer lugar, es relevante advertir su importancia como grupo poblacional. El listado nominal con corte al 19 de febrero de 2021, las personas que tienen entre 20 y 34 años son más de 32 millones, lo significa que representan el 34.90% de las personas que pueden ejercer su derecho a votar en las elecciones.

En segundo sitio, existen datos que evidencian que las personas jóvenes son desplazadas en el acceso a los cargos de elección popular. Para la elección celebrada el uno de julio de dos mil dieciocho, se registró un total de 2,919 candidaturas que contendieron por una curul en el Congreso de la Unión, de las cuales sólo 545 fueron menores de 30 años. La situación se agrava si se toma en cuenta que, del total de las 500 diputaciones federales y las 128 senadurías, sólo 28 curules fueron ocupadas por personas menores de treinta años.

Lo anterior muestra una amplia disparidad entre el porcentaje que respecto del total de la población habilitada para votar representan las personas jóvenes y los cargos obtenidos por este grupo en los órganos representativos, es decir, una desproporción bastante grave entre cantidad de electores y número de personas elegidas emanadas de ese sector poblacional, lo cual constituye un fuerte indicio del estado de discriminación que viven dichas personas en el acceso a los cargos de representación popular, pues ese fenómeno se reproduce en la mayoría de los órganos integrados por funcionarias y funcionarias elegidos mediante al sufragio.

Aunado a ello, es importante establecer que en nuestro país las medidas afirmativas para el acceso de las personas jóvenes a las candidaturas y los cargos de elección popular son muy escasas, lo que contribuye a perpetrar el mencionado Estado de discriminación.

La mencionada situación exige la emisión de medidas afirmativas para que una mayor cantidad de personas jóvenes sea postulada a los cargos de elección popular y acceda a los órganos de representación.

Los datos y argumentos mencionados, fueron sostenidos en el voto particular emitido por una magistratura en la sentencia de la Sala Superior del Tribunal Electoral del Poder Judicial de la Federación, dictada en el recurso de reconsideración SUP-REC-72/2021 en que fueron analizadas las medidas afirmativas implementadas por un organismo público local electoral para postular personas jóvenes en candidaturas reservadas para dicho sector poblacional relativas a los cargos locales de elección popular. La mencionada sentencia y el voto disidente se explican en la infografía que se cita enseguida:

OBLIGACIÓN DE RESERVAR CANDIDATURAS A DIPUTACIONES Y MUNÍCIPES A FAVOR DE LAS PERSONAS JÓVENES, EN FUNCIÓN DEL PORCENTAJE QUE RESPECTO DEL TOTAL DE LA POBLACIÓN REPRESENTE ESE GRUPO

SUP-REC-72/2021. SALA SUPERIOR DEL TEPJF. Análisis de voto particular

I. PROBLEMA JURÍDICO DEL ASUNTO

¿Las personas jóvenes deben tener reservadas candidaturas a diputaciones y munícipes en función del porcentaje poblacional que representa ese grupo poblacional?

II. SÍNTESIS DEL CASO

Un OPLE emitió medidas afirmativas a favor de las personas jóvenes, con lo cual determinó que se reservaran dos candidaturas a diputaciones para jóvenes –una fórmula de mayoría relativa y otra de representación proporcional dentro de la lista correspondiente-, así como la obligación de que una persona joven encabezara una planilla de algún Ayuntamiento

III. RESUMEN DE LA SENTENCIA ANALIZADA

Sentido:
La mayoría de la Sala Superior desechó el medio de impugnación intentado porque a juicio de la mayoría, no cumplió con el requisito especial de procedencia –que sólo se supera al tratarse de un asunto de importancia y trascendencia, o bien, cuando la materia de resolución contiene un tema de constitucionalidad-.

Por tanto, el acuerdo impugnado del OPLE quedó subsistente.

Sin embargo, en sentido diverso a lo decidido por la mayoría, una Magistrada emitió voto particular al considerar que el tema debía analizarse en el fondo del asunto, además de coincidir esencialmente con la postura de la parte recurrente.

Razones que sostienen el voto particular:

1. La disidente estimó que para garantizar los principios constitucionales de pluralismo político y representatividad, en la postulación a los diversos cargos de elección popular, deben reservarse candidaturas para personas jóvenes, atendiendo a la importancia que ese grupo representa para la sociedad mexicana.

2. El listado nominal, estaba integrado en un 34.90% por personas de entre 20 y 34 años, lo que resultaba en un total de más de 32 millones de personas, no obstante, producto de las elecciones de 2018 sólo el 4.45% de las diputaciones integrantes de la Cámara de Diputaciones resultó parte de este grupo, lo que denotó una grave subrepresentación de las personas jóvenes en relación con el porcentaje que representan del total de la población.

3.

En atención a la importancia que representan los jóvenes para la sociedad, el OPLE debió ampliar las acciones afirmativas dirigidas a las personas jóvenes, para que finalmente fueran destinadas, por partido político, al menos dos candidaturas a diputaciones por el principio de mayoría relativa a personas jóvenes y un número determinado de candidaturas a presidencias municipales, respetando la paridad de género.

CONCLUSIÓN:

De acuerdo con la importancia de las personas jóvenes en la sociedad mexicana, por lo menos se deben reservar para ese sector poblacional, dos candidaturas a diputaciones por el principio de mayoría relativa y la posibilidad de encabezar un mayor número de planillas de candidaturas para la integración de los ayuntamientos (no sólo una).

2. ¿QUÉ TIPO DE MEDIDAS AFIRMATIVAS DEBEN IMPLEMENTARSE A FAVOR DE LAS PERSONAS JÓVENES EN EL EJERCICIO DE LOS DERECHOS POLÍTICO-ELECTORALES?

Desde luego, las acciones afirmativas que pudieran tener como efecto inmediato la mayor presencia de personas jóvenes en las candidaturas y en los cargos de elección popular es el establecimiento de cuotas exclusivas dirigidas a ese grupo poblacional.

Ahora, si bien existe una desproporción evidente entre el porcentaje que del total de la población representan las personas jóvenes y los cargos que ocupan en los órganos representativos, ello no quiere decir que las autoridades electorales tengan el mandato de otorgarles la cantidad de candidaturas equivalente a ese porcentaje, o que deban integrarse los órganos de representación con un número de personas jóvenes directamente proporcional a la porción de población que representan respecto del total de habitantes de la circunscripción, porque el criterio poblacional no es el único factor a tomar en cuenta para definir las medidas afirmativas en sus aspectos cuantitativos y cualitativos.

Lo que sí es cierto, es que debería considerarse la importancia que para la sociedad representan las y los jóvenes en todos los aspectos, así como lo numeroso del grupo y la poca representación que tienen en los órganos públicos, como elementos que motiven la emisión de medidas afirmativas que vinculen a las fuerzas políticas a postular cada vez mayor número de personas en etapa de juventud a los cargos de elección, para que accedan con más frecuencia y cantidad a dichos espacios de forma paritaria. También deberían implementarse acciones compensatorias que garanticen la integración de los órganos representativos con determinada cantidad de personas jóvenes.

Consulta de infografías

Paridad y procesos de selección de candidaturas de los partidos políticos.

Implementación del criterio de efectividad.

Distribución competencial en el establecimiento de medidas afirmativas.

Criterio poblacional en medidas de paridad de género.

Medidas afirmativas de paridad en la integración de los órganos públicos de representación popular.

Medidas afirmativas de paridad en la integración de los órganos públicos de representación popular.

Paridad en la integración de los órganos de dirección de los partidos políticos.

Paridad en la integración de los órganos de dirección de los partidos políticos.

Acceso de las personas de la diversidad sexual a las candidaturas de cargos de elección popular.

Oportunidad para la emisión de las medidas afirmativas a favor de las personas LGBTIQ+.

Acceso de las personas de la diversidad sexual a los cargos de dirección de las autoridades electorales estatales. Consejerías de los institutos electorales estatales.

Acceso de las personas de la diversidad sexual a los cargos de dirección de las autoridades electorales estatales. Presidencia de los institutos electorales estatales.

Acceso de las personas de la diversidad sexual a los organismos desconcentrados de los institutos electorales de las entidades federativas.

Acceso de las personas de la diversidad sexual a los cargos de supervisión y capacitación electoral.

Personas con discapacidad que pueden ser beneficiarias de las medidas afirmativas.

Obligación del legislador de implementar en las normas ordinarias acciones afirmativas para las personas con discapacidad, en materia electoral.

Obligación de las autoridades administrativas electorales de implementar acciones afirmativas a favor de las personas con discapacidad.

Paridad en el acatamiento de las acciones afirmativas destinadas a las personas con discapacidad.

¿Los organismos públicos locales electorales tienen obligación de llevar a cabo una consulta indígena dirigida a los pueblos y comunidades indígenas de forma previa a la emisión de medidas afirmativas en materia electoral?

Progresividad en las medidas afirmativas dirigidas al sufragio pasivo de los pueblos originarios.

Requisitos de accesibilidad a las acciones afirmativas destinadas a la comunidad migrante.

Medidas afirmativas a favor de las personas residentes en el extranjero.

Derogación de medidas afirmativas dirigidas a las personas migrantes.

Derecho al sufragio activo.

Personas jóvenes.